Ich wollte mich nicht verbiegen

Maria von Pawelsz-Wolf

Bibliografische Information der Deutschen Nationalbibliothek: Die Deutsche
Nationalbibliothek verzeichnet diese Publikation in der Deutschen National-
bibliografie; detaillierte bibliografische Daten sind im Internet über
dnb.dnb.de abrufbar.

© 2020 Maria von Pawelsz-Wolf
Herstellung und Verlag: BoD – Books on Demand, Norderstedt
ISBN 978-3-7526-7721-8

Inhaltsverzeichnis:

Vorwort

Nachwort

Vorwort

Durch die Corona-Krise und die damit verbundene Abgeschiedenheit habe ich mir die Zeit genommen, über mein Leben nachzudenken und auf Bitten meiner Kinder die Erinnerungen aufzuschreiben.

Meinen Enkelinnen

Zoe – Emilia – Anouk – Finia

möchte ich durch meine Erlebnisse und Erfahrungen Mut machen, immer zu dem zu stehen, was sie für richtig halten – auch wenn es manchmal schwierig ist. Aber Glaubwürdigkeit ist wichtiger als eine Karriere, für die man sich verbiegen muss.

Für sie wünsche ich mir, dass sie die Würde jedes Menschen achten. Dazu gehört auch die Selbstverantwortung jedes einzelnen, denn nur die Selbstverantwortung hält uns ab, immer gleich nach dem Staat zu rufen, wenn etwas nicht klappt. Für ein gutes Zusammenleben ist es notwendig, sich zu fragen „was kann ich für mein Land tun?" Wenn im Elternhaus und in der Schule Würde und Selbstverantwortung vorgelebt werden, dann müssen wir uns um den Erhalt unserer Demokratie keine Sorgen machen!

Meine ersten Lebenserfahrungen

Hochzeitsgesellschaft am 29.1.1938 in Klein-Rosen

Ein Jahr nach der Hochzeit meiner Eltern im Schloss Klein-Rosen, dem Besitz der Schwester meiner Mutter Gertrud und ihres Mannes Georg von Richthofen in Schlesien, wurde ich noch in Friedenszeiten am 15. Februar 1939 im Haus meiner Großmutter Wilhelmine Engel in Potsdam in der Sedanstraße 8 geboren. Dort verbrachte ich meine ersten Kindheitsjahre. Im August 1939 fuhren meine Eltern in die Schweiz und ich blieb in der Obhut meiner Großmutter zurück.

Sedanstr. 8 in Potsdam

Kurz vor Kriegsbeginn kamen meine Eltern meinetwegen zurück nach Potsdam, obwohl sie eigentlich lieber in der Schweiz geblieben wären, denn sie hatten an Hand der politischen Ereignisse vorausgesehen, dass die Zeit mit Hitler nichts Gutes für die Zukunft erwarten ließ.

Nachdem mein Vater seine Anstellung als Syndikus bei der Handwerkskammer in Treuenbrietzen verloren hatte, kaufte er einen jüdischen Textilgroßhandel in Berlin am Hausvogteiplatz mit Unterstützung durch die Familie bei der Finanzierung. In einem mir vorliegenden Bericht über diese Kaufverhandlungen steht, dass meine Großmutter in das Haus „eines feinen Juden" ging, um mit ihm über den Verkauf seines Geschäftes zu sprechen. Sie erklärte ihm, dass es ihr sehr unangenehm wäre, dass in diesen Zeiten solche Dinge passierten. Aber der jüdische Verkäufer sagte ihr, dass er mit seiner Frau zu seiner Tochter und seinem Schwiegersohn, der Arzt war, nach Palästina auswandern wollte und sehr froh wäre, wenn mein Vater das Geschäft übernehmen würde und in seinem Sinne fortführte. Sein Prokurist und die erste Buchhalterin wollten mit einer finanziellen Beteiligung in das Eigentum mit einsteigen und mein Vater sorgte dafür, dass alle Mitarbeiter weiter dort arbeiten konnten. Der Kaufvertrag und der Gesellschaftervertrag liegen mir vor und sind sehr fair gegenüber den beiden Mitbeteiligten verfasst.

1947 schrieb Herr Dzialotzynski meinem Vater den folgenden Brief aus Israel, aus dem hervorgeht, dass er seit seinem Weggang aus Deutschland über die Entwicklung seines ehemaligen Betriebes genau unterrichtet war. Nachdem die schreckliche Nazizeit beendet war, machte er meinem Vater Mut, sich zum Wohle des deutschen Volkes beim Neubeginn nach dem Kriege zu engagieren. Er wusste, dass mein Vater den Nationalsozialismus immer kritisch gesehen hatte und sich dagegen gestellt hatte.

Da Herr Dzialotzynski nach seiner Flucht aus Deutschland auch interessante Äußerungen über seine Erfahrungen mit den Engländern in Palästina während des 2. Weltkrieges gemacht hatte, habe ich mich entschlossen, seinen Brief hier zu veröffentlichen, weil er ein Zeitzeugnis für uns ist. (Nach seinem Originalschreiben habe ich den Brief zum besseren Verständnis in lesbarer lateinischer Schreibschrift aufgezeichnet.)

Amt Theaterzegel.

Herrn

Dr. Wilhelm Wolf

Berlin-Schlendorf.

Mein lieber Doktor Wolf,
empfangen Sie meinen besten Dank
für Ihren liebenswürdigen und ausführlichen Brief v. 30.8, der vorgestern hier
eintraf; ich danke Ihnen auch herzlich
für die Aufnahme Ihrer Aufmerksamkeit
anlässlich des Ablebens meiner Frau
Frau. — Ihr Brief hat mich in allen
Teilen sehr interessiert, besonders erfreulich ist es, dass Sie und Ihre Familie
den Hexen- und Teufels Sabat verhältnismässig gut überstanden
haben und dass Sie sich heraushalten
konnten aus dem Kuss zum Führer
und Reich? Dafür können Sie sich

jetzt mit Ihren jungen Kräften ein.
Sehen bei der Zement-Schaffung des
Katastrikten, charakterisirten einer
geistigen Trümmerhaufen, den die
Vorbereitsbande hinterlassen hat.
Es hat ja nur deshalb so lange gedauert,
weil das Gesindel zur Führung einer
bergelaufenen Strolches seinen Ja-
Journals geschlossen und Alles mit
sich in den Abgrund reissen wollte.
Über die Schicksale unserer alten
Firma bin ich durch die Berichte der
Fd. Jauch unterrichtet. Über den
Erwerb der Wörter-Fabrik hat sie
mir keine Mitteilung gemacht.
Es wird ja wohl noch sehr lange
dauern, bis man wieder mit einiger
wessen ordentlichen Geschäfts-Geschäfte
wird rechnen können, keineswegs
vor Aufhebung der Zwens-
Wirtschaft in Deutschland.

10

Und damit komme ich zur großen d.h.
Welt-Politik. Hier ist, das hat schon der
selige Kisjörun erkannt, immer und
viel ... genau so wie nur
darin hat sich seither nichts geändert.
... in vernünftiger ... -
Arbeit zu ..., aus dem Chaos
heraus zu kommen, ... Gegensatz
zwischen Ost und West immer mehr vor.
... - Auch aber in diesen ...
... ließe es ... gehen, wenn nicht
die Engländer eine so ... und hinterhältige Politik ... Sie verraten
ihre ... -Genossen aus dem letzten
Krieg, die Juden, die noch ...
auf ihre Seite ... haben,
während die ... auf Hitler
... hatten. - ... haben die
Juden - und zwar ... diejenigen, die
seit 33 ins Land kamen - ...
... ... auf die

verschiedenste Gebieten. In erster Reihe auf dem Gebiete der Land- und Forstwirtschaft. Das Land war unter den Türken in jeder Beziehung heruntergekommen. Die Juden, in erster Reihe pioneiros, die vor 30 und 40 Jahren ins Land kamen, haben ohne alle Hilfsmittel, aus wasserlosen, steinigen Wüsten blühende Siedlungen geschaffen; sie haben aufgeforstet, wo jeder Baum bestand durch Räuber verübt war. Es entstand eine grosse Industrie und auch auf kulturellem Gebiet will ich nur 2 gewaltige Schöpfungen nennen. Die sehr bedeutende Universität in Jerusalem und ein philharmonisches Orchester, das einen Vergleich mit den berühmtesten in der Welt aufnehmen kann. Wir hatten jedenfalls sehr gute Jahre, bis meine Frau krank wurde; wir lebten uns

unsere Kinder zur [...] hier
beieinander. Mit meiner Tochter und
deren Familie sogar in einem Haus,
während mein Sohn [...] in [...]
ledig ist, jedoch in einem [...] wohnt.
Mit lebhaftem [...] las ich,
dass Ihre Gattin [...] [...] ist, [...]
hat sich [...] zu Not [...].
Ich wünsche ihr baldige [...] [...].
Falls es bei Ihnen an Medikamenten
mangelt, bin ich gern bereit, sie Ihnen
– so rasch als möglich – von hier zu schicken.
Leben Sie wohl [...] [...] [...] und
[...] [...] mit einem [...].
Seien Sie und Ihre Gattin vielmals
gegrüßt von Ihrem

Alexander [...]

Meine Empfehlung an Ihre
[...] Schwiegermutter.

Alwin Dzialoszynski   Haifa, d. 27.9.47
                         U. Carmel
                         97, Morian Dr.

Herrn
      Dr. Wilhelm Wolf

          Berlin-Zehlendorf

Mein lieber Doktor Wolf,

empfangen Sie meinen besten Dank für Ihren liebenswürdigen und ausführlichen Brief v. 30.8., der vorgestern hier eintraf; ich danke Ihnen auch herzlich für
den Ausdruck Ihrer Anteilnahme anlässlich des Ablebens meiner guten Frau. - Ihr Brief hat mich in allen
Teilen sehr interessiert; besonders erfreulich ist es, dass
Sie und Ihre Familie den Hexen- und Teufels Sabat
verhältnismässig gut überstanden haben und dass Sie
sich heraushalten konnten aus dem Dienst für Führer
und Reich! Dafür können Sie sich jetzt mit Ihren jungen Kräften einsetzen bei der Beiseite- Schaffung des
tatsächlichen, charakterlichen und geistigen Trüm-
merhaufens, den die Verbrecherbande hinterlassen
hat; es hat ja nur deshalb so lange gedauert, weil das
Gesindel unter Führung eines hergelaufenen Strolchs
seinen Sadismus auskosten und alles mit sich in den
Abgrund reißen wollte. Über das Schicksal unserer alten Firma bin ich durch die Berichte von Frl. Bantz
unterrichtet. Von dem Erwerb

der Wäsche-Fabrik hat sie mir keine Mitteilung gemacht. Es wird ja wohl noch sehr lange dauern, bis man wieder mit einigermassen ordentlichen Geschäfts-Begriffen wird rechnen können, keineswegs vor Aufhebung der Zonen-Wirtschaft in Deutschland.

Und damit komme ich zur d.G. Welt-Politik; diese ist, das hat schon der selige Oxenstjerna erkannt, immer mit viel Dummheit gemacht worden und darin hat sich seitdem nichts geändert. Anstatt in vernünftiger Zusammen-Arbeit zu versuchen, aus dem Chaos herauszukommen, wird der Gegensatz zwischen Ost und West immer mehr verschärft. - Auch hier in diesem östlichen Lande könnte es gut gehen, wenn nicht die Engländer eine so gemeine und hinterhältige Politik trieben. Sie verraten ihre Bundes-Genossen aus dem letzten Krieg, die auf ihrer Seite wirkungsvoll mitgekämpft haben, während die Araber auf Hitler gesetzt hatten. - Außerdem haben die Juden - und zwar diejenigen, die seit 33 ins Land kamen - unvorstellbare Leistungen vollbracht auf den verschiedensten Gebieten. In erster Reihe auf dem Gebiete der Land- und Forstwirtschaft. Das Land war unter den Türken in jeder Beziehung herunter gekommen. Die Juden, in erster Reihe europäische, die vor 30 und 40 Jahren ins Land kamen, haben ohne alle Hilfsmittel, aus graslosen, steinigen Wüsten blühende Siedlungen geschaffen; sie haben aufgeforstet, wo jeder Baumbestand durch Raubbau vernichtet war. Es entstand eine große Industrie. Auch auf kulturellem Gebiet will ich nur 2 gewaltige Schöpfungen nennen. Die sehr bedeutende Universität in Jerusalem und ein philharmonisches Orchester, das einen Vergleich mit den bedeutendsten in der Welt aufnehmen kann. Wir hatten jedenfalls hier gute Jahre, bis meine Frau leidend wurde; wir lebten mit unseren Kindern und Enkelkindern hier beisammen. Mit unserer Tochter und deren Familie sogar in einem Haus, während mein Sohn in Haifa tätig ist, jedoch in einem Vorort wohnt.

Mit lebhaftem Bedauern las ich, dass Ihre Gattin nicht gesund ist, sie hat sich anscheinend zu viel zugemutet. Ich wünsche ihr baldige und gute Besserung. Falls es bei Ihnen an Medikamenten mangelt, bin ich gern bereit, sie Ihnen - so weit als möglich - von hier zu schicken.

Leben Sie wohl und erfreuen Sie mich gelegentlich wieder mit einem Brief. Seien Sie und Ihre Gattin vielmals gegrüsst von Ihrem

Alwin Dzialoszynski

Meine Empfehlung an Ihre Frau Schwiegermutter.

Als ein Jahr nach mir am 30. April 1940 mein Bruder Ernst-Wilhelm, genannt Teddy, geboren war, wurde es zu eng im Haus meiner Großmutter und wir zogen um nach Berlin-Grunewald in die Trabener Straße 45. Ich kann mich noch daran erinnern, wie mein kleiner Bruder auf einem Kinderhochstuhl vor dem Fenster saß und immer die S-Bahn am Bahnhof Grunewald beobachtete und mit einer kleinen Holzbahn nachspielte, indem er die Signale entsprechend der echten S-Bahn nachstellte.

Teddy und ich in Klein-Rosen

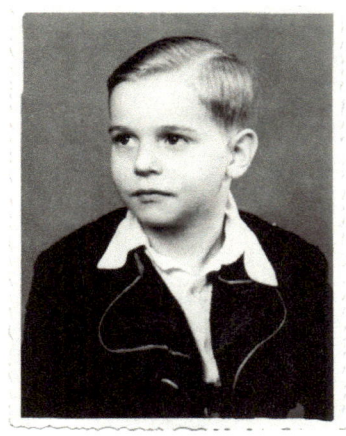

Andreas, genannt Andi

Am 31. Mai 1942 wurde mein Bruder **Andreas** geboren. Da der 2. Weltkrieg schon in vollem Gange war, beschlossen meine Eltern, uns drei Kinder in Sicherheit zu der Schwester meiner Mutter, Tante Gertrud von Richthofen, nach Klein-Rosen zu schicken, damit wir nicht zu sehr durch die Bombenalarme und die Bunkerbesuche in Berlin verstört wurden. Sie wünschten sich für uns Kinder eine angstfreie Jugendzeit

Tante Lotte Lisch

Für uns wurde extra eine Kinderfrau eingestellt, die uns im Schloss betreute. Es handelte sich um Tante Lotte Lisch, die uns sehr lange durch unser weiteres Leben begleiten sollte. Mit Tante Lotte hatten wir die notwendige Betreuung. Ich durfte aber meine Tante auch allein begleiten. Unsere Eltern kamen nur ab und zu an Wochenenden, um uns zu besuchen, denn sie mussten sich ja in Berlin um den Textilgroßhandel kümmern.

Klein-Rosen.

An die Zeit in Klein- Rosen kann ich mich noch sehr gut erinnern: ich durfte häufig mit meiner Tante, der Frau Baronin, aufs Feld gehen, um Essen zu den Arbeitern zu bringen. Das machten wir regelmäßig zur Mittagszeit.

Einmal fiel ein Dorfjunge in den Wassergraben um das Schloss und schlug sich den Kopf auf. Da gingen dann Tante Gertrud und ich mit einem Korb voll Essen und Verbandszeug zu der Familie. So lernte ich hier, wie die Gutsherrschaft sich um ihre Angestellten kümmerte.

Ich denke daran, dass wir zu Weihnachten Krippenspiele aufführten, bei denen wir Kinder als Engelchen verkleidet mitspielten. Zuerst gab es das sogenannte Leute-Weihnachten für die Angestellten, die dann auch ihre Geschenke bekamen. Danach gab es dann die Weihnachtsaufführung für die Bewohner im Schloss, zu denen auch Verwandte und Freunde gehörten, die den Kriegsereignissen im Westen Deutschlands entflohen waren und hier in Schlesien Zuflucht gefunden hatten.

Die für uns Kinder schöne Zeit in Klein-Rosen wurde durch ein schreckliches Ereignis getrübt: Ende Januar 1944 gingen Tante Lotte und mein Vater mit uns Kindern ins Dorf, um eine Geburtstagstorte für Onkel Georg zu bestellen. Tante Lotte schob den Sportwagen mit Andi. Ich lief an der Hand meines Vaters, und Teddy und Uwe, ein anderes Kind aus dem Westen, die immer zusammen spielten, liefen im Park hin und her. Auf sie wurde nicht besonders geachtet, weil sie den Weg kannten. Als wir zurückkamen von der Einkaufstour, kam Uwe uns entgegen. Auf die Frage: „Wo ist denn Teddy?" sagte er nur. „weiß ich nicht!" Da ging meine Mutter den Fußspuren nach, um Teddy zu suchen: an diesem regnerischen Tag führten sie bis zum Schlossteich. Dort endeten sie…. Meine Mutter stieg in den Schlossteich und fand ihr ertrunkenes Kind. Später ergab sich, dass Uwe zum Bahnwärter, der 100 Meter von dem Schlossteich entfernt arbeitete, gelaufen war und zu ihm sagte: „mein Teddy ist ins Wasser gefallen!" jeder im Dorf hätte gewusst, wer „mein Teddy" war, aber der Bahnwärter war zum ersten Mal dort und hatte seinen ersten Arbeitstag. Er sagte nur.

„Na, dann kaufen Deine Eltern Dir einen neuen Teddy!" Und so war Uwe zum Schloss zurückgelaufen.

Während der Suchaktion war ich im obersten Stock bei der Schneiderin und sah von dort aus, wie eine Kutsche vorgefahren kam. Daraus wurde Teddy gehoben. Die Ärzte aus dem KZ Groß-Rosen, die sofort kamen, um Wiederbelebungsversuche zu machen, konnten nur noch Teddys Tod feststellen.

Er wurde dann im Schloss aufgebahrt und sah aus wie ein Engel. Hinterher wurde

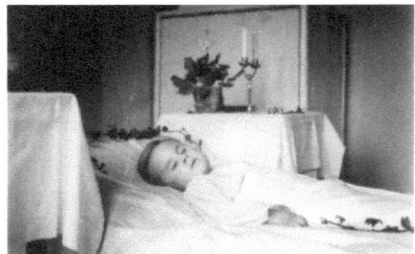

Teddy

erzählt, dass Uwe und Teddy im Schloss immer ein Spiel gespielt hatten: „Engelchen flieg!" und sich gegenseitig vom Tisch oder Stuhl geschupst hatten. Zehn Jahre später habe ich Uwes Mutter zufällig einmal getroffen. Sie erzählte mir, dass Uwe, der von meinen Eltern nach dem Unglück nie befragt worden war, später in einem Deutschaufsatz geschildert hatte, wie er Teddy in den Teich gestoßen hatte.

Andi und ich blieben noch einige Monate mit unserer Kinderfrau in Klein-Rosen und kehrten dann nach Potsdam in das Haus unserer Großmutter zurück, weil unsere Wohnung in Berlin-Grunewald einem Bombenalarm zum Opfer gefallen war. Nach dem schönen Leben in Klein-Rosen traf uns der Krieg mit voller Wucht: neben unserem Haus gab es einen kleinen Bunker, der im Garten für die Familie gegraben war. Bei jedem Bombenalarm mussten wir uns ganz schnell anziehen, um im Bunker Schutz zu suchen. Jeder Flugzeuganflug auf Berlin löste in Potsdam einen Bombenalarm aus. Ich erinnere mich, dass am Himmel immer sogenannte Weihnachtsbäume aufflackerten. Nach der Entwarnung durften wir den Bunker verlassen. Manchmal gab es drei bis vier Bombenangriffe in einer Nacht auf Berlin: Ich weiß noch, dass ich mich nach dem dritten Angriff einmal weigerte, mich auszuziehen und meinen Schlafanzug anzuziehen, weil doch ganz schnell ein neuer Bombenalarm sein könnte. Einmal entdeckten wir auf dem Kopfkissen meiner Mutter einen „Blindgänger"! Glücklicherweise waren wir im Bunker, als er unser Dach durchschlug, denn sonst wäre meine Mutter tot gewesen.

Ende November 1944 hatten wir Besuch von sehr nazifreundlichen Verwandten. Als mein Vater wieder anfing, gegen Hitler zu schimpfen, bekam meine Mutter angeblich schreckliche Bauchweh und erklärte, sie müsste sofort zum Arzt.

In großer Sorge fuhr mein Vater sofort mit ihr ins Krankenhaus: Dort fragte der Gynäkologe erstaunt: „Was wollen Sie denn hier?" Daraufhin sagte meine Mutter nur: „Wir können nicht zurück nach Hause, denn dann wird mein Mann verhaftet!" Und dann wurde am 25. November 1944 mein kleiner Bruder Hans- Christoph zehn Monate nach Teddys Tod geboren!

Hans-Christoph

Mein Vater war während des 2. Weltkriegs nicht eingezogen, weil entweder das entsprechende Amt ausgebombt war oder seine Akten vernichtet waren. So konnte er den Textilgroßhandel bis zum Kriegsende, als auch das Gebäude durch Bombenabwurf gebrannt hatte, betreuen.

An die schreckliche Bombennacht über Potsdam am 14. April 1945 kann ich mich noch sehr genau erinnern: Der Himmel war glutrot, als wir von unserem Garten in der Nähe der Glienicker Brücke in Richtung Innenstadt guckten. Meine Eltern fuhren sofort mit dem Fahrrad in die Innenstadt, um zu sehen, wo sie noch helfen konnten. Einige Tage später war der Krieg dann beendet. Für uns bedeutete das, dass die russischen Soldaten in die Stadt Potsdam einzogen. 2 Zimmer mussten in unserem Haus frei gemacht werden für den Major Iwan und seinen Burschen Georg. Ich kann mich daran erinnern, dass Iwan 1945 bei uns mit der Familie Weihnachten feierte. Vor mir sehe ich noch den glatzköpfigen, strahlenden Iwan mit dem kleinen glatzköpfigen Christoph auf seinem Arm. Er war glücklich, dass er Weihnachten in einer Familie feiern durfte. Nach einem Jahr wurde Iwan mit seinem Burschen versetzt. Danach wurde eine junge Familie mit einem kleinen Sohn, der genauso alt war wie Christoph, bei uns einquartiert. Christoph wurde jeden Tag nach oben geholt zu dem kleinen Sohn und bekam wunderbare Butterstullen zu essen. Wir anderen Geschwister guckten immer traurig zu, denn wir hätten so gerne auch einmal Butterstullen gegessen! Die russischen Bewohner zeigten sich sehr freundlich zu den Mitbewohnern im Hause. Einmal hatten sie ein Fest für ihre Freunde gegeben und luden dann am Tag nach der Einladung alle Mitbewohner zum Resteessen ein. Sie entschuldigten sich, dass es keinen Kaviar mehr gab! In der Mitte der Sedanstraße gab es eine russische Gulaschkanone. Ab und zu bin ich aufgefordert worden, mit einem Topf dorthin zu gehen, um etwas Essen zu holen. Da wurde mir dann in den Topf gefüllt.

Häufig kamen russische Soldaten in unser Haus, um nach jungen Frauen Ausschau zu halten. Ich weiß noch, dass wir uns am Tage in der Wohnung unseres Hauswartsehepaares im Souterrain versammelten, weil ja einige jüngere Frauen bei uns lebten. Immer wenn die Soldaten erschienen, kniff meine Mutter meinen kleinen Bruder Christoph in den Po, so dass er ein mörderliches Geschrei begann. Davon waren die Soldaten so erschrocken, dass sie fluchtartig unser Haus verließen, und keine Frau wurde vergewaltigt!

Zur Ernährung der Familie mussten Hamsterkäufe gemacht werden. Ich erinnere mich, dass mein Vater einmal mehrere Uhren um seinen Arm gebunden hatte, um etwas gegen sie einzutauschen. Er musste seinen Arm ständig bewegen, damit die Uhren nicht stehen blieben! Dann tauschte er z.B. eine Dose mit Käse ein, die immer gehütet wurde, um für noch schlechtere Zeiten zur Verfügung zu stehen. Als sie dann endlich geöffnet wurde, war das Erschrecken groß: der ganze Inhalt war verschimmelt, denn es war ein Loch in die Büchse gebohrt worden!!! Einmal gab es einen Zeitungsartikel: „Parteiführer auf dem schwarzen Markt!" Das musste mein Vater dann entkräften. Aber es blieb bei den häufigen Hamstertouren, um die Ernährung der Familie sicherzustellen.

Meine Eltern haben sich gleich nach dem Kriegsende politisch engagiert. Sie hatten von Andreas Hermes, einem früheren Zentrumsabgeordneten aus der Weimarer Zeit gehört. Meine Mutter erzählte mir später, dass Hermes zu Beginn der Nazizeit mit seiner Frau nach Südamerika gegangen war unter Hinterlassung seiner 5 Kinder bei seiner Schwester hier in Deutschland. Er kam noch während der Nazizeit zurück und schloss sich dem deutschen Widerstand an. Als das bekannt wurde, wurde er sofort verhaftet und ins Gefängnis gesteckt. Dort besuchte seine Frau ihn täglich mit einer Etagère: in den beiden oberen Töpfen war Essen und im untersten Topf war die wichtige Post, so dass Hermes über die politische Entwicklung auf dem Laufenden war. Er hatte sich überlegt, dass die Russen nach dem Ende des Krieges damit rechnen würden, dass wieder eine katholische Partei aufgemacht würde. Das ging nach dem Ende des schrecklichen 2. Weltkrieges überhaupt nicht! Also machte er sich Gedanken über eine Union der christlichen Parteien und gründete, nachdem er aus dem Gefängnis nach Kriegsende entlassen war, die „Christlich-Demokratische Union in Deutschland" (CDUiD). Meine Eltern hatten von dieser Arbeit gehört und schlossen sich den Gründern an. Sie fuhren jeweils zu einer Einladung mit dem Fahrrad über den Wannseeberg nach Berlin zu den Versammlungen.

Mein Vater wurde erster Vorsitzender der CDUiD in Brandenburg. Er nahm diese Arbeit sehr ernst, indem er sich um die Menschen im Lande und deren Sorgen und Nöte kümmerte. Mit gleichgesinnten Helfern führte er die Arbeit durch: ich weiß noch, dass sie mit Bollerwagen durch die Lande fuhren, denn es gab ja keine anderen Transportmittel. Auch die Frage der Kommunikation war beschränkt ohne Telefone.

Wegen seiner Arbeit als CDU-Vorsitzender wurde er häufig zur russischen Militärverwaltung bestellt. Wenn es zeitlich möglich war, begleitete meine Mutter ihn zu diesen Treffen. Nach Absolvierung dieser Zusammenkünfte kam er immer nachts noch ins Kinderzimmer, um zu sehen, ob wir ordentlich zugedeckt waren. Nach meiner Erinnerung habe ich mich oft schaudernd von ihm abgewandt mit den Worten: „Du stinkst ja so schrecklich!" Später erfuhr ich, dass er bei diesen Treffen mit den Russen massiv unter Alkohol gesetzt wurde.

Meine Mutter hatte nach dem Krieg sofort Russisch gelernt, um bei den Treffen den Gesprächen besser folgen zu können. Einmal wurde mein Vater wieder zu Oberst Tulpanow bestellt. Meine Mutter begleitete ihn und nahm einen Notizblock aus ihrer Handtasche, als sie sah, dass Tulpanows Sekretärin mit einem Block neben ihrem Chef saß. Auf die Frage von Oberst Tulpanow: „Was tun Sie denn da?" antwortete sie unerschrocken: „dasselbe wie Ihre Sekretärin!" Daraufhin wurde die Sekretärin aus dem Raum geschickt und meine Eltern konnten sich allein mit dem Oberst besprechen.

Im Jahr 1945 sollte in der sowjetisch-besetzten Zone (SBZ) auf russische Anordnung eine Bodenreform durchgeführt werden, bei der die Grossgrundbesitzer enteignet werden sollten, um das Land an Kleinbauern zu verteilen. Hermes verweigerte seine Unterschrift, weil er als ehemaliger Landwirtschaftsminister in der Weimarer Republik wusste, dass die Ernährung der Bevölkerung nur durch die bisherige Bewirtschaftung gesichert werden konnte. Die Russen versuchten Hermes zu einer Unterschrift zu erpressen, indem sie ihm sagten, sie würden seinen letzten Sohn (zwei Söhne waren im Krieg bereits gefallen), der in russischer Gefangenschaft in Oppeln war, sofort freilassen, wenn er unterschreiben würde.... Hermes unterschrieb nicht und sein Sohn wurde weitere fünf Jahre in Sibirien gefangen gehalten. Peter Hermes hat immer Briefe an seine Eltern Gefangenen, die entlassen wurden, mitgegeben. Nachdem er in Sibirien war, hat er seinem Vater geschrieben: „ich bin so stolz auf Dich, dass Du nicht unterschrieben hast!"

Da die Russen mit ihrem Ansinnen, eine Bodenreform durchzuführen, festhielten, bestellten sie alle CDU-Landesvorsitzenden der SBZ zu sich und legten ihnen einen

Zeitungsartikel vor „**G**ermes ist ein großer Reaktionär". Als meine Mutter diesen Artikel sah, sagte sie deutlich: „diesen Artikel hat kein Deutscher geschrieben, denn wir haben das H". (im Russischen wird das H durch ein G ersetzt! – Sie hatte ja Russisch gelernt!) Daraufhin wurden meine Eltern weggeschickt und die Unterschrift wurde von irgendwelchen unmutigen CDU-Menschen eingeholt! Danach wurde Hermes als Vorsitzender der CDU in der SBZ abgesetzt und durch Jakob Kaiser und Ernst Lemmer ersetzt.

Ende 1946 mussten wir unser Haus in der Sedanstraße verlassen, weil das ganze Gebiet von den Russen requiriert wurde. Meinem Vater war gesagt worden: „Sie können sich irgendein Haus aussuchen, in das Sie ziehen wollen. Dafür werden die Bewohner rausgeworfen." Aber das wollte mein Vater natürlich nicht und suchte nach einem Haus, das leer stand. Er fand das in der Seestraße 33 am Heiligen See.

Unser Haus in der Seestr. 33

Das Haus wurde für unsere Bedürfnisse umgebaut, weil ein Kinderzimmer fehlte. Also wurde der obere Flur teilweise mit provisorischen Wänden als Kinderzimmer verkleinert. So konnten wir noch vor Weihnachten mit allen unseren Hausgenossen, meiner Großmutter, unserer langjährigen Kinderfrau Tante Lotte, unserem Mädchen Lenchen aus Klein-Rosen und dem Hauswartsehepaar Bellin einziehen. Der Garten war sehr groß, so dass dort vieles angepflanzt werden konnte, das uns zur Ernährung diente. Ich kann mich entsinnen, dass wir Kinder immer auf den Topf gehen mussten, damit die Tomaten gut gedüngt werden konnten!

Der jüdische Verkäufer des Berliner Textilgroßhandels, Aron Djialotzynski hatte meinem Vater 1947 aus Haifa/Israel einen sehr persönlichen Brief geschrieben, in dem er begrüßte, dass mein Vater sich „aus dem Dienst für Führer und Reich heraushalten konnte" und ermutigt ihn, sich jetzt mit seinen jungen Kräften für die Erneuerung Deutschlands einzusetzen.

In unserem Haus trafen sich viele Menschen, um immer wieder zu überlegen, wie man die Zukunft nach dem verlorenen Krieg besser gestalten könnte. Wir Kinder hatten es gut. Ich war ja schon 1945 eingeschult worden und ging in die Schule in der Nähe vom Nauener Tor in der Friedrich-Ebert-Straße. Meine Klassenlehrerin war rothaarig und hieß Fräulein Erdmann. Zusammen mit Waltraud, die uns gegenüber in der Seestraße wohnte, machte ich mich jeden Morgen auf den Weg. Ich spielte nicht nur mit meinen Klassenkameradinnen sondern auf mit den Kindern der Familie Kobow. Inge Kobow war eine Schulfreundin meiner Mutter. Die beiden hatten sich zufällig während des Krieges bei einem Stammtisch im Hotel Königstadt am Alten Markt in Potsdam wiedergetroffen, zu dem mein Vater immer ging, wenn meine Mutter uns in Klein- Rosen besuchte.

Vor Weihnachten 1947 fuhr mein Vater mit Andi und mir in den Westen. Damals konnte man noch ohne Probleme von der sowjetisch besetzten Zone in die westlichen Zonen reisen. Wir besuchten meine Großeltern väterlicherseits in Hamm/Westfalen. Ich habe eine schreckliche Erinnerung daran: Wir Kinder hatten Läuse! Am nächsten Morgen entdeckte ich auf meinem Kopfkissen ganz viele Blutstropfen von den zerquetschten Läusen. Das war mir entsetzlich peinlich. Aber es sagte niemand von den Erwachsenen etwas dazu. Von Hamm aus fuhren wir dann nach Detmold, um Verwandte zu besuchen. Dort waren inzwischen Tante Gertrud und Onkel Georg Richthofen aus Schlesien in einem großen Zimmer und der feuchten Küche im Keller untergekommen. Wir besuchten noch andere Verwandte und nahmen von diesem Besuch eine große Kiste mit einer elektrischen Eisenbahn mit. Ich durfte darüber nicht sprechen, weil die Eisenbahn meinen beiden kleinen Brüdern zu Weihnachten geschenkt werden sollte. Aber ich erlebte nicht meine beiden Brüder, sondern immer wieder wechselnde männliche Besucher auf unserem großen Flur beim Eisenbahnspielen! Dabei gab auch der evangelische Pfarrer dem katholischen Pfarrer die Klinke in die Hand! Offensichtlich konnten hier die politischen Gespräche lustvoll gestaltet werden.

Im Mai 1948 fand die 3. Wahl für einen CDU-Landesvorsitzenden von Brandenburg in Potsdam statt. Meinem Vater war gesagt worden: „Stellen Sie sich doch nicht mehr der Wahl!" Darauf antwortete er nur: „Ich bin Demokrat und stelle mich der Wahl! Wenn ich nicht gewählt werde, habe ich ja einen bürgerlichen Beruf und kann mein Leben auch so gestalten!" Er hat in seiner letzten großen Rede auf dem Landesparteitag mit großer Deutlichkeit gesagt: „Wir müssen alles, was wir können, für die Wiedervereinigung tun!" und wurde danach mit großer Mehrheit zum dritten Mal wiedergewählt als CDU-Landesvorsitzender von Brandenburg. Wenige Tage nach dieser Wahl hatte er eine Rede im Osten von Berlin zu halten. Unser Chauffeur, der immer fuhr, war plötzlich betrunken und konnte nicht fahren. Da wurde meinem Vater ein junger Mann vom Landtag zugewiesen, denn mein Vater war ja auch Vizepräsident des Landtages und es war eine dienstliche Reise. Ich hörte noch, wie meine Mutter meinem Vater sagte: „Wilhelm, wenn du geredet hast, lass bitte den Chauffeur fahren, denn du weißt, du bist dann erschöpft!" und so fuhr mein Vater bei strahlendem Sonnenschein drei Tage vor Pfingsten winkend ab nach Berlin.

Mitten aus hingebungsvollem Dienst für sein Volk und Land rief Gott der Herr über Leben und Tod meinen geliebten Mann, den glücklichen und treusorgenden Vater unserer Kinder, unseren lieben Sohn und Schwiegersohn, Bruder und Schwager

DR. WILHELM WOLF
Erster Vorsitzender
des Landesverbandes der Christlich-Demokratischen Union Brandenburg,
Vizepräsident des Landtages Brandenburg

in die Ewigkeit. Er starb am 14. Mai 1948 an den Folgen eines Unglücksfalles, zuvor versehen mit den heiligen Sterbesakramenten. Er ruhe in Frieden und das ewige Licht leuchte ihm.

DR. ERIKA WOLF GEB. ENGEL
MARIA WOLF
ANDREAS WOLF
HANS-CHRISTOPH WOLF
KARL WOLF
SOPHIE WOLF GEB. BLÖMKEN
WILHELMINE ENGEL GEB. VON VELSEN
KARL WOLF
ILSE WOLF GEB. OSTHOFF

Potsdam, Seestraße 33 / Hamm/Westfalen, Grünstraße 50

Trauerfeier Mittwoch, 19. Mai 1948, 9 Uhr, im Landtag
mit anschließender Beerdigung.

Als ich am nächsten Morgen zum Frühstück runterkam, traf ich nur meine Großmutter, die mir erklärte:

„Deine Mutter und Tante Lotte sind nach Berlin ins Krankenhaus gefahren. Es ist irgendetwas mit Deinem Vater passiert. Du sollst bitte einen Ausflug mit deiner Klassenkameradin machen. Ich war also den ganzen Tag über bei Regen unterwegs. Als ich abends zurückkam, waren meine Mutter und Tante Lotte immer noch nicht zurück. Wir Kinder machten uns bettfertig und gingen in unsere Zimmer. Meine Brüder schliefen schon und ich stand am Fenster und guckte auf die Straße, bis ich plötzlich ein großes schwarzes Auto vorfahren sah, aus dem meine Mutter schwarzverschleiert

ausstieg.

Dann wurde ich ins Wohnzimmer gerufen und mir wurde erklärt: „Dein Vater ist tot!"
Ich war wie vom Donner gerührt, weil ich das ohne jede weitere Erklärung nicht verstand. In den folgenden Tagen gab es viel Hektik im Haus, da die Beerdigung vorbereitet werden musste.

Zu der offiziellen Trauerfeier im Landtag durfte ich als ältestes Kind mitgehen. Im Anschluss an die Feier im Landtag gingen wir zum Neuen Friedhof, wo es in der Kapelle eine Trauerfeier mit dem katholischen Pfarrer gab, denn mein Vater war ja katholisch. Anschließend gingen wir – meine Brüder mit kleinen Blumenherzen und ich mit einem Blumenkreuz – und alle anderen Teilnehmer an der Beerdigung zum Grab, wo der evangelische Pfarrer die Beerdigung vornahm. Nach der Trauerfeier fuhr meine Mutter mit uns Kindern in die katholische Peter-und-Paul- Kirche auf dem Bassinplatz, wo noch ein katholischer Gottesdienst mit kleinen Bildern von unserem Vater stattfand. Danach fuhren wir nach Hause und es brach eine unheimliche Stille aus.

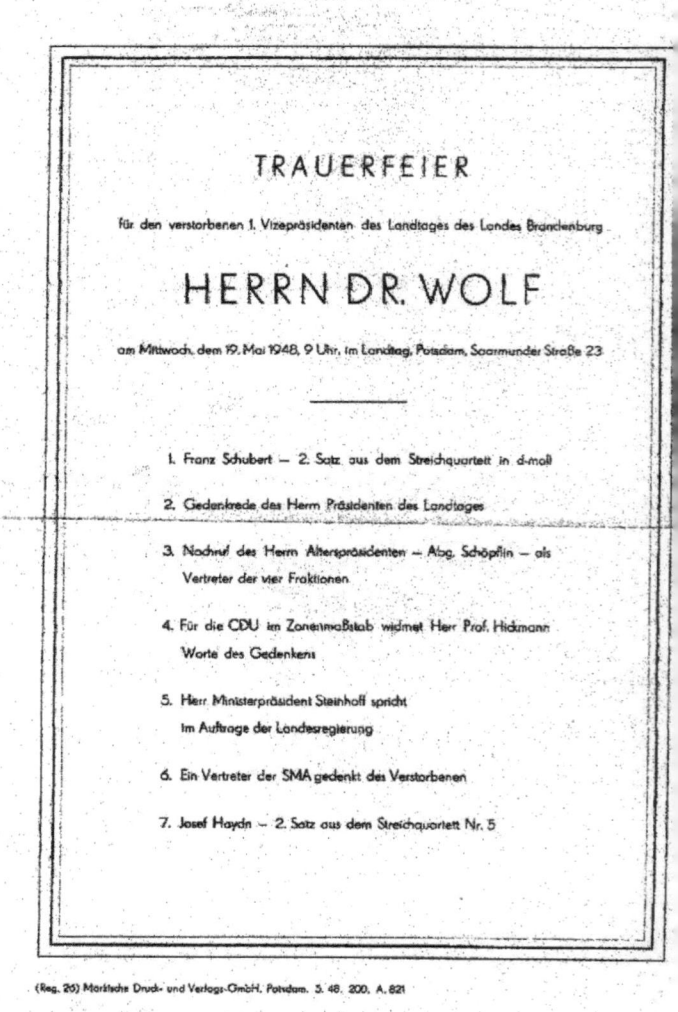

TRAUERFEIER

für den verstorbenen 1. Vizepräsidenten des Landtages des Landes Brandenburg

HERRN DR. WOLF

am Mittwoch, dem 19. Mai 1948, 9 Uhr, im Landtag, Potsdam, Saarmunder Straße 23

1. Franz Schubert – 2. Satz aus dem Streichquartett in d-moll

2. Gedenkrede des Herrn Präsidenten des Landtages

3. Nachruf des Herrn Alterspräsidenten – Abg. Schöpflin – als Vertreter der vier Fraktionen

4. Für die CDU im Zonenmaßstab widmet Herr Prof. Hickmann Worte des Gedenkens

5. Herr Ministerpräsident Steinhoff spricht im Auftrage der Landesregierung

6. Ein Vertreter der SMA gedenkt des Verstorbenen

7. Josef Haydn – 2. Satz aus dem Streichquartett Nr. 5

(Reg. 26) Märkische Druck- und Verlags-GmbH, Potsdam. 5. 48. 200. A. 821

Bis dahin war ich es gewohnt, dass immer Menschen zu uns kamen, um Hilfe in ihren Anliegen zu bekommen oder um politische Gespräche zu führen. Ab jetzt gab es eine unbekannte Ruhe! Die einzigen Menschen, an die ich mich erinnern kann, waren Otto und Elsa-Ernestine Liebknecht, die jede Woche entweder vorbeikamen oder meine Mutter anriefen, um nach ihrem Befinden zu fragen. Otto Liebknecht war der Erfinder des Waschmittel Persil. Seine Frau Elsa-Ernestine, geborene Friedländer, war vor ihrer Ehe schon eine bekannte Pianistin. Sie gab ihre Karriere mit ihrer Hochzeit auf, unterrichtete aber weiter. Otto starb ein Jahr nach meinem Vater. Er hatte seiner Frau gesagt, dass er auf dem Potsdamer Neuen Friedhof in der Nähe meines Vaters beerdigt werden wollte. Frau Liebknecht zog später aus ihrem Haus in Babelsberg nach Berlin in die Kissinger Straße. Dort habe ich sie mit meinem Bräutigam Martin besucht. Sie erzählte uns, dass sie nach dem Tod ihres Mannes ihre Lehrtätigkeit wieder aufgenommen hatte und Studenten im Klavierspiel unterrichtete. Uns gab sie ein bewegendes Konzert.

Meine Mutter war noch in Kontakt mit ihrer Schulfreundin Inge Kobow und deren Familie und mit unserer Hausärztin Dr. Ruth Schwarzkopff, die auch in der Seestraße wohnte. Alle diese Kontakte pflegten wir bis ans Lebensende der jeweiligen Freunde. Sie waren auch auf mich übergegangen.

Christoph, Maria und Andi

Nach dem Tod meines Vaters hatte meine Mutter große finanzielle Sorgen, denn es gab keine Witwenrente sondern nur eine Lebensversicherung, die vor der Währungsreform Ende Mai 1948 ausgezahlt wurde. Meine Mutter musste also den Unterhalt für unsere Familie jetzt selbst verdienen. Da sie kein zweites juristisches Staatsexamen gemacht hatte, weil im Nationalsozialismus die Frauen lieber Kinder bekommen sollten, als ihre Ausbildung abzuschließen, waren ihre Möglichkeiten einer Berufsausübung jetzt beschränkt. Sie bekam eine Anstellung in der Hauptverwaltung für Arbeit und Sozialfürsorge und später im DDR-Ministerium für Arbeit und Gesundheitswesen. Das bedeutete, dass sie täglich nach Berlin fahren musste und ihre Zeit für uns Kinder begrenzt war.

Meine Mutter bemühte sich sehr, uns Kindern die Abwesenheit unseres Vaters zu erleichtern. Zu meinem zehnten Geburtstag lud sie meine Klassenkameradinnen zu einem Kostümfest ein. Da sie sich für den Tag Urlaub wegen Krankheit genommen hatte, konnte sie nur als Rotkäppchens Großmutter fein in einem Bett drapiert mit einer Wärmflasche auf dem Plumeau teilnehmen, weil ein Freund meines Bruders Andi, der Sohn von Minister Heinrich Rau, auch zu Gast war. Meine Großmutter versorgte uns: wunderschön angezogen mit schwarzem Kleid und weißer Schürze und einem schwarzen Häubchen auf ihren weißen Haaren. Das ist ein für mich eine liebevolle Erinnerung an diesen zehnten Geburtstag.

Ohne größere Aufregungen lebten wir unser Leben in Potsdam ganz normal bis zum Sommer 1950. Ich beobachtete, dass meine Mutter abends nicht direkt nach Hause kam, sondern immer wieder auf der Straße mit einer Freundin, die wie sie auch Stadtverordnete war, auf und ab ging und sich unterhielt. Eines Morgens im Juli fuhr sie mit einem dicken Wollkostüm zur Arbeit, obgleich es doch ein heißer Sommer im Juli war. Das verwunderte mich sehr. An diesem Tag hatte unser Mädchen Ausgang und ich war allein zu Hause mit meinem kleinen Bruder Christoph. Andi war vor einiger Zeit schon nach Schweden in ein Kinderheim geschickt, um sich von dem Tod unseres Vaters zu erholen. Gegen 21:30 Uhr klingelte es bei uns und ich machte die Tür auf. Da stand eine Diakonisse mit einem Zettel in der Hand, auf dem ich die Schrift meiner Mutter erkennen konnte. Sie sagte zu mir: „Deine Mutter hat mich hergeschickt, um einige Sachen abzuholen. Heute Abend nehme ich Deinen kleinen Bruder mit nach Berlin." Auf dem Zettel stand, ich solle alles tun, was die Diakonisse mir sagte. Nachdem sie alle Rollläden im Wohnzimmer heruntergelassen hatte, ging sie gezielt an die Schreibtische und holte aus den Schubladen verschiedene Akten, die sie in ihren Rucksack legte. Inzwischen packte ich einen kleinen Rucksack für meinen Bruder Christoph. Im Anschluss daran sagte die Diakonisse zu mir: „Wir fahren nicht zum Hauptbahnhof in Potsdam, sondern wir fahren mit der Straßenbahn nach Babelsberg und steigen dort in die S-Bahn nach Berlin. Du kommst morgen bitte zusammen mit dem Sohn Eurer Hausärztin nach!" Ich blieb dann mutterseelenallein im Haus zurück und machte noch einen kurzen Besuch bei unserem Pfarrer, der mir anbot, bei ihnen zu schlafen, aber ich erklärte ihm: „Ich möchte gerne meinen eigenen Koffer packen, um am nächsten Tag nach Berlin zu fahren." Friedrich, ein Schauspieler, der Sohn unserer Hausärztin Ruth Schwartzkopff, kam mit einem Freund und nahm 2 Koffer, die im Flur standen, und mich mit meinem Koffer mit und erklärte mir in der S-Bahn: „Du darfst uns aber nicht kennen!" Dann fuhren wir nach West-Berlin und ich landete im Diakonissenhaus in der Landhausstraße 11 bei der Oberin Mohrmann. Dort traf ich meine Mutter und meinen Bruder Christoph wieder. Meine Mutter hatte am letzten Arbeitstag vor ihrer Flucht verschiedene für ihre Arbeit notwendige Briefe diktiert und schreiben lassen und sie zum

Unterschreiben mit zu den Diakonissen genommen. Da sie eine ordentliche Preußin war, mussten diese Briefe unterschrieben wieder ins Ministerium nach Ost-Berlin gebracht werden. Ich wurde also dazu ausersehen, das zu tun und bin etwas zitternd nach Ost-Berlin ins Ministerium gefahren, um die Briefe abzuliefern. Nach der Abgabe fuhr ich zurück nach West-Berlin. Damit waren wir geflohen unter Hinterlassung aller unserer Sachen in Potsdam.

Für mich war schon länger geplant, dass ich meine Sommerferien bei den Verwandten in Detmold verbringen sollte. Ich fuhr dann auch ganz normal mit dem Zug dorthin zu meiner Patentante Gertrud v. Richthofen. Dort traf ich auch Onkel Georg, der jeden Tag mit großer Noblesse zur Volksküche ging, um dort Suppe abzuholen, denn seine Frau konnte nicht kochen. Tante Gertrud saß in der feuchten Küche im Keller und bastelte Krippenfiguren, die sie verkaufte, um etwas zum Lebensunterhalt beizutragen. Wir sprachen viel über meine Kindheit in Klein-Rosen. Onkel Georg las mir „Gustav-Adolfs Page" vor – wie früher in der blauen Stunde – in Rosen. Während ich dabei Hüttenschuhe für meinen Bruder strickte, rannen mir die Tränen herunter – so schön war die Erinnerung an Rosen!

Christoph war zu Andi in das Kinderheim in Schweden geschickt worden. Meine Mutter musste ja Geld verdienen, um uns zu ernähren. Sie bekam eine Anstellung bei dem Bauernpräsidenten Andreas Hermes in Bonn, mit dem sie seit Gründung der CDU in Kontakt war. Leider bekam ihr das Bonner Klima überhaupt nicht: Bei ihr brach erneut die Tbc-Krankheit auf, die sie schon in ihrer Jugend und nach dem Tod von Teddy hatte. Sie kam dann für einige Monate nach Berlin ins Krankenhaus. Nun war unsere Familie in Deutschland und Schweden verstreut!

Nach den Sommerferien wurde ich in Detmold in das Mädchengymnasium eingeschult. Dort war ich einen Monat und wohnte bei Verwandten. Danach bekam ich eine Freistelle in einem Internat: **Stift Keppel im Siegerland**

Mit meinen 11 Jahren, musste ich erst einmal meine sämtlichen Sachen mit Namen versehen, bevor ich dorthin fuhr.

Stift Keppel war seit 1877 ein evangelisches Mädcheninternat. Der Anfang dort war etwas schwierig für mich, weil ich ja in Potsdam in der fünften Klasse Russisch gelernt hatte. In Keppel hatten die Mädchen in der 5. Klasse mit Englisch begonnen. Während meines letzten Jahres vor unserer Flucht hatte ich mit einigen Freundinnen schon einen Englischkurs in Potsdam besucht, weil unsere Eltern offensichtlich mit einer Flucht nach Westdeutschland rechnen mussten. Aber meine Kenntnisse waren nicht so gut wie die meiner Klassenkameradinnen. Wenn ich eine schlechte Arbeit in Englisch schrieb, wurde ich zur Oberin, die unsere Schulleiterin war, bestellt. Sie erklärte mir mit strenger Stimme: „wenn Du nicht besser wirst, verlierst Du Deine Freistelle!" Ich wusste, dass meine Mutter die Schule nicht bezahlen konnte. Also blieb mir nichts anderes übrig als zu lernen und zu arbeiten!

In dem Internat waren sehr viele Mädchen, deren Eltern geschieden waren, die anderen gehörten zum „verarmten Adel". Dazu wurde ich auch gezählt, obwohl ich doch gar nicht adlig war! Ich erinnere mich daran, dass die Mädchen aus geschiedenen Ehen häufig „Fresspakete" von beiden Elternteilen bekamen. Bei uns anderen war das nicht der Fall… und wir hatten doch auch immer wieder Hunger! Alle 14 Tage bekamen wir unser Taschengeld zugeteilt und mussten immer genau aufschreiben, was wir von dem Geld gekauft hatten. Ich habe mir „im Geiste" sehr viel Zahnpasta gekauft, damit ich etwas Geld abzapfen konnte, um mir im Dorf mal ein Kuchenteilchen zu kaufen!

In meinen ersten Osterferien im Westen im Jahr 1951 wurde ich in das Kinderheim „Strand" in Schweden eingeladen, in dem meine Brüder lebten und wo auch meine Mutter zu der Zeit war. Ich fuhr mit dem Zug von Stift Keppel zuerst bis Hamburg. Dort sollte mich Onkel Constantin, ein Vetter meiner Mutter, abholen. Der Zug hatte schreckliche Verspätung und ich hatte panische Angst, dass ich dann allein auf dem großen Hamburger Bahnhof stehen würde. Aber ich hatte das große Glück, dass Onkel Constantin auf mich gewartet hatte. Er nahm mich mit nach Hause zu seinen beiden Töchtern Karin und Britta. Karin war genauso alt wie ich. Er erklärte mir: „morgen bekommen meine Töchter neue Schuhe und du bekommst auch ein Paar neue Schuhe!" Das war ein unglaubliches Erlebnis für mich, denn ich hatte ja schon lange nichts mehr bekommen. Diese Geste ist in mein Gehirn eingebrannt: Heute kann ich die Schuhe noch aufmalen, so glücklich war ich darüber. Nach 2 Tagen fuhr ich dann weiter nach Schweden, ohne die Sprache zu können. Aber ich habe es geschafft und bin dort in dem Kinderheim „Strand", in dem der Rest der Familie war, angekommen.

Mutter und Tochter 1951

Die Heimleiterin hieß Barbro, die für uns eine sehr gute Freundin wurde. Barbro fand es notwendig, dass ich auch mal ein neues Kleid bekäme. Für mich wurde ein Kleid von einer Schneiderin genäht: aus rot karierten Schottenstoff. Das machte mich auch unglaublich glücklich, denn bis dahin hatte ich einmal in Keppel aus einem Care-Paket ein grünes Kleid mit vielen Mottenlöchern und einem schwarzen Samtkragen geschenkt bekommen.

Barbro erzählte mir von meinem kleinen Bruder Christoph eine wunderbare Geschichte: Er war mit seinem Freund zusammen nach Reftele gegangen, um dort in die Schule zu gehen. Nach einigen Tagen rief die Lehrerin bei Barbro an und fragte, wo denn die beiden kleinen Jungen geblieben wären. „ja, die sind doch jeden Tag in die Schule gegangen." erklärte Barbro. „Nein hier sind sie nie angekommen!" war die Aussage der Lehrerin.

Als sie dann pünktlich nachmittags wieder zurückkamen, fragte Barbro: „Wie ist es denn in der Schule gewesen?" „alles gut!" Barbro traute dem Frieden nicht und ließ sich die Ranzen zeigen. Dann kamen die beiden kleinen Jungen mit ihren Ranzen, die voll mit rostigen Nägeln waren. Sie waren also nicht zur Schule gegangen, sondern hatten auf einer Baustelle rostige Nägel gesammelt! Auf die Frage, was sie denn damit tun wollten, erklärten sie: „wir müssen doch Deutschland wieder aufbauen!"

Da meine Mutter in den folgenden Jahren im schwedischen Hilfswerk mitarbeitete, wurde ich in den Ferien immer wieder in das Kinderheim „Strand" in Reftele eingeladen. So erinnere ich mich daran, dass Barbro dafür sorgte, dass ich 1952 in den Sommerferien 3 Wochen in der Landfrauenschule „Stora Segerstadt" verbringen sollte. Dort nahm ich an den Ausbildungsmöglichkeiten teil. In der ersten Woche war ich in der Küche und lernte Krebse zu kochen, denn es war Mittsommerzeit und da gibt es in Schweden immer Krebsessen. In der zweiten Woche arbeitete ich mit in der Waschküche und in der dritten Woche durfte ich an einem Webstuhl weben: ich habe da- mals einen kleinen Tischläufer gewebt, der bis zum Tode meiner Mutter immer einen Platz in ihrem Zimmer hatte!

Mein Mann und ich fuhren mit unseren drei Kindern im Jahr 1973 in Barbros Haus in Schweden. Ich wollte den Kindern die Orte zeigen, in denen ich in meiner Kindheit war: wir fuhren nach St. Segerstad.

Dort begrüßte mich nach so langer Zeit die Schulleiterin mit Namen und freute sich über das Wiedersehen. Beim Kinderheim „Strand" gab es einen Bauernhof, zu dem ich immer ging. Auf meiner Erinnerungstour klopfte ich an der Tür des Bauern an: er machte die Tür auf und sagte: „Maria!" Meinen Kindern blieb vor Erstaunen der Mund offenstehen, dass der Bauer mich nach so vielen Jahren wiedererkannte!

Im Jahr 1953 verbrachten wir zum ersten Mal unsere Sommerferien wieder in Deutschland. Wir durften hier in einem Zimmer im Haus einer Tante sein, in dem meine Mutter, meine beiden Brüder und ich wohnten. Dort hatten wir einen Teewagen, auf dem 4 mal Geschirr, 4 mal Besteck und eine Kochplatte standen. Dazu hatten wir noch eine Kochkiste. In diesen Sommerferien hatte ich die Aufgabe, für die Familie zu kochen und dafür zu sorgen, dass alles seine Ordnung hatte. Ich kann mich genau erinnern, dass meine Mutter eines Tages nach Hause kam und uns ganz glücklich erzählte, sie hätte jetzt eine Arbeitsstelle bekommen: Sie durfte beim Regierungspräsidenten in Detmold in der Abteilung Wiedergutmachung arbeiten. Das bedeutete für uns, dass sie wieder ihr eigenes Geld verdiente, um die Familie zu versorgen. Wir konnten eine möblierte Wohnung beziehen, die wir bei der Cousine meiner Mutter, Gisela Wintzer, in der Bülowstraße im Dachgeschoss fanden. Unser erster Umzug in Deutschland fand mit dem Teewagen statt! Dort hatte alles Platz, was wir bis dahin an Haushaltsgeräten besaßen. Wir zogen dann in die möblierte Dachwohnung um. Der erste Kauf meiner Mutter von ihrem Gehalt war ein ganz kleiner Eisschrank. In der kleinen Küche bereitete ich weiter das Essen auf der Kochplatte mit Hilfe der Kochkiste vor.

Nach diesen anstrengenden, arbeitsreichen Ferien fuhr ich ganz glücklich nach Stift Keppel zurück, um mich „zu erholen". Nach den anfänglich schwierigen Jahren in Keppel erlebte ich dort auch sehr schöne Zeiten. Nach dem 75jähigen Bestehen war für das Internat ein Schwimmbad direkt am Internat gebaut worden, in dem wir täglich schwimmen durften. Die Adventszeit war der Höhepunkt des Jahres: jede Klasse bereitete ein Weihnachtszimmer vor, in dem die Bewohnerinnen zu einem bestimmten Thema gebastelt hatten. In der Nacht vor dem ersten Advent ging der Chor der älteren Schülerinnen zu allen Lehrern, die außerhalb des Internats wohnten, und sang „Wachet auf, ruft uns die Stimme.." sowie weitere Adventslieder und hinterließ einen Adventskranz. Zum Schluss sang der Chor in allen Schlafzimmern im Internat: „Wachet auf, ruft uns die Stimme...........". Am 1. Advent gab es Gänsebraten wie zu Hause das Weihnachtsessen normalerweise war. Anschließend wurden die geschmückten Wohnzimmer jeder einzelnen Klasse besichtigt und bewundert.

Vom ersten Abend an in der Adventszeit wurde nach dem Abendessen im großen Esssaal gesungen: wenn der erste Tisch mit Essen fertig war, begannen die Schülerinnen zu singen, so lange bis alle anderen Schülerinnen an den anderen Tischen mitsangen. Das war ein wunderbares Erlebnis!

In der Untersekunda bekamen wir auch Tanzstunde. Zu diesen Tanzstunden wurden die Jungen einer Klasse aus einem Jungeninternat aus Hilchenbach eingeladen. Im „Roten Saal", im Festsaal unseres Internates, lernten wir ganz normal miteinander tanzen. Zum Abschlussball bekam ich ein Abschlussballkleid von unserer Detmolder Schneiderin genäht, das aus hellblauem Hemdenpopelin war. Dieser Hemdenpopelin stammte von einem noch geretteten Stoffballen aus dem ausgebombten Geschäft meines Vaters in Berlin. Auf diese Weise wurde ich auch wieder von meiner Vergangenheit eingeholt.

1955 ging ich mit dem Abschluss in der 10. Klasse und damit mit der mittleren Reife aus Stift Keppel ab. Ich hatte meiner Mutter immer wieder gesagt, dass ich die Schule beenden wollte und kein Abitur machen wollte. Sie erklärte mir, das wäre interessant zu wissen, aber ich sollte doch bitte in den Sommerferien erst einmal arbeiten um zu erkennen, ob ich das wirklich wollte. Sie hatte mich in einer Handweberei angemeldet. Dort musste ich pünktlich morgens antreten und den ganzen Tag über am Webstuhl sitzen und weben. An jedem Webstuhl arbeiteten einfachere Frauen, die den ganzen Tag im Rhythmus sangen: „Oh Heideröslein, nimm dich in Acht…" Nach 3 Tagen war ich so entsetzt über dieses Arbeitsleben, dass ich meiner Mutter erklärte, ich wollte auf jeden Fall Abitur machen. Und ich wollte jetzt sofort aufhören mit der Arbeit am Webstuhl. Aber meine Mutter bestand darauf, dass ich die gesamten Sommerferien hindurch arbeitete. Sie sagte ganz trocken zu mir: „gut, wenn du jetzt Abitur machen willst, bin ich damit einverstanden, aber ich möchte keinerlei Diskussion über das Thema „Schule" mehr haben, bis Du das Abitur gemacht hast!"

Ab Ostern 1955 ging ich in die Obersekunda des Mädchen -Gymnasiums in Detmold, in dem ich die 3 Fremdsprachen Englisch, Französisch und Latein neben den normalen Unterrichtsstunden hatte. Zu Hause in der Bülowstrasse bekam ich eine kleine Dachkammer für mich allein, während meine Brüder im Zimmer davor zusammen schliefen. Es war sehr eng bei uns, aber irgendwie klappte es ganz gut. Ich führte wieder den Haushalt, während meine Mutter für die Wiedergutmachung arbeitete. Häufig kam sie sehr spät abends nach Hause, denn sie musste sehr genau prüfen, wer wieviel Wiedergutmachungsgelder bekommen konnte. Wenn sie einen Pfennig zu viel auszahlte, würde sie regresspflichtig gemacht und das war nicht zu leisten. denn wir brauchten ihr gesamtes Gehalt für unsere Familie.

Die Schulleiterin des Mädchengymnasiums hieß Frau Dr. Sauerbier. Sie war eine überaus engagierte Frauenrechtlerin, die uns auf diesem Gebiet sehr gefördert hat. Ich hatte eine panische Angst vor Männern aus dem Internat mitgebracht. Dort hatten wir bis auf die Tanzstunde und unserem Mathelehrer und dem Pfarrer nur mit Frauen zu tun. Ich hatte also das Gefühl, jeder fremde Mann könnte mir etwas Böses antun. Das erkannte Frau Dr. Sauerbier und schickte mich zu einer internationalen Jugend-Tagung nach Sonnenberg im Harz. Dort erlebte ich zum ersten Mal ein großes Zusammensein mit Jungen und Mädchen und verliebte mich ganz spontan. Nach meiner Rückkehr musste ich bei Frau Sauerbier Bericht erstatten und erzählte von allem, was ich erlebt hatte, sehr begeistert. Der Erfolg dieses Berichtes war, dass Frau Dr. Sauerbier meiner Mutter beim nächsten Treffen im Akademikerinnenclub sagte: „Ich glaube, wir haben es geschafft!" Sie meinte damit, dass ich meine Männer-Angst verloren hätte.

Lejf mit Familie

Bei dieser Tagung lernte ich auch den Dänen Lejf Egtman aus Kopenhagen kennen. Bei meiner nächsten Schwedenreise machte ich in Kopenhagen Station: ich besuchte ihn und lernte seine reizende Frau kennen. In der Wohnung entdeckte ich einen kleinen Bilderrahmen an der Wand, in dem ein mit Schönschrift geschriebenes deutsches Gedicht steckte. Auf meine erstaunte Frage nach der Herkunft des Gedichtes sagte mir Lejfs Frau: „das habe ich in der Schule in Wien geschrieben, denn ich bin Jüdin und musste Wien mit meinen Eltern aus rassischen Gründen verlassen!"

Diese Auskunft hat mich sehr betroffen gemacht.

In den nächsten Jahren wurde ich von Frau Dr. Sauerbier immer wieder zu politischen Tagungen auf den **Jugendhof nach Vlotho** geschickt, wo wir sehr genau instruiert wurden, wie wichtig unsere Demokratie ist und was wir tun müssen, um sie auszubauen und zu erhalten.

Der Jugendhof in Vlotho wurde von Werner Rietz geleitet, der im Dritten Reich ein engagierter Nazi war und nach dem verlorenen Krieg erkannte, wie schrecklich die Menschen unter Hitler gelitten hatten. Er hatte eine Wandlung durchgemacht und verstanden, wie wichtig eine Demokratie ist. Mit aller Kraft setzte er sich dafür ein, dass vor allem die Jugend in politischer Bildung so gut geschult wird, dass es nie wieder zu einer Diktatur wie unter Hitler kommen kann. Wir hatten viele Diskussionen, in denen uns jungen Menschen durch die Berichte von Älteren über die eigenen schrecklichen Erfahrungen die Augen geöffnet wurden. Mich haben diese Erkenntnisse sicher auch in meinem politischen Engagement gefördert.

Im Geschichtsunterricht hatten wir eine Lehrerin, die ganz offensichtlich sehr vom Nationalsozialismus beeinflusst war. Als sie mit uns über das „3. Reich" sprach, wollte ich etwas beitragen, da ich von meiner Mutter einige Dinge gehört hatte, die sie bei ihrer Arbeit in der Wiedergutmachung erfahren hatte. Ich hatte ein Taschenbuch über den Nationalsozialismus von Professor Hofer und meldete mich im Geschichtsunterricht zu Wort: „Ich habe hier einen Artikel über die Wannseekonferenz, darf ich den vorlesen?" Da schrie die Lehrerin mich an: „Hören Sie auf! Hören Sie auf!" Daraufhin stand unsere Klassensprecherin auf und sagte: „Das müssen wir wissen. Maria, lies weiter!" Das tat ich dann auch. Ich glaube, meine Klasse war die einzige in dieser Zeit, die so genau über die schrecklichen Ereignisse im Nationalsozialismus unterrichtet wurde.

Zufällig war ich in die B-Klasse eingeschult worden. Ab und an wurde ich von Mitschülerinnen der A- Klasse gefragt, ob ich nicht lieber zu ihnen wechseln wollte, weil in dieser Klasse doch die intellektuelleren Mädchen wären und in meiner Klasse die ein bisschen dümmeren. Aber ich verneinte das, denn ich hatte eine gute Klassengemeinschaft: wir waren eine Klasse, die sehr sangesfreudig war mit 2 exzellenten Solosängerinnen. Mit unserem engagierten Musiklehrer übten wir viele Lieder ein, mit denen wir dann zusammen mit den Duetten unserer beiden Solistinnen ein Konzert gaben. Damit konnten wir eine Klassenfahrt finanzieren. Da ich nicht so besonders sangesfreudig war, war mein Beitrag zu dieser Aktion: ich durfte die Plakate für das Konzert malen!

Unsere Exkursion führte uns nach Banz, Vierzehnheiligen und Bamberg. Dort lernten wir den Süddeutschen Barock kennen und hatten viel Vergnügen mit unserem begleitenden Erdkundelehrer.

Das Schöne an unserer Klasse ist, dass wir – obgleich nicht so intellektuell – bis zum heutigen Tag einen guten Zusammenhalt haben und uns alle zwei Jahre treffen. Alle nehmen Anteil am Geschick jeder einzelnen. Von der intellektuellen Klasse weiß ich, dass sie keinerlei Zusammenhalt haben!

Klassentreffen in höherem Alter

Wegen meines frühzeitigen politischen Engagements wurde ich 1956 aufgefordert, an der Gründung einer „Christlich-jüdischen Gesellschaft" in Düsseldorf teilzunehmen. Dort traf ich auf Dr. Hans Lamm, mit dem ich mich anfreundete und den ich auch nach Detmold zu uns nach Hause einlud. Als ich ihm die Detmolder Altstadt zeigte, feixten Schüler und Schülerinnen damals hinter uns: „Ach, da gehen **Wolf** und **Lamm** spazieren!" Uns störte das nicht. Einige Jahre war ich immer wieder bei Tagungen mit Dr. Hans Lamm zusammen. Viel später habe ich von seinem Werdegang gehört: Er war als Jude 1938 aus Deutschland geflohen, kam 1945 als Besatzungssoldat und Dolmetscher bei den Nürnberger Prozessen zurück und ließ sich 1955 als Journalist bei der Jüdischen Allgemeinen in Düsseldorf und Kulturdezernent des Zentralrats der Juden in Deutschland nieder. Später lebte er in München und war dort von 1970 bis 1985 Präsident der Israelitischen Kultusgemeinde München und Oberbayern und Direktoriumsmitglied des Zentralrats der Juden in Deutschland.

Meine Mutter bekam 1956 eine Landesbedienstetenwohnung zugewiesen. Das bedeutete für uns einen Umzug aus der Dachwohnung von Tante Gisela in einen Neubau. Diesmal zogen wir schon mit einem Bollerwagen um, auf dem unser spärlicher Hausrat Platz fand. Nun benötigten wir auch eigene Möbel. Tante Anna, eine wohlhabende Cousine meiner Mutter, lieh uns das Geld, damit wir uns einrichten konnten. Zu dieser Zeit war Christoph schon in der Waldorfschule in Benefeld untergebracht. Da er ja die ersten Schuljahre in Schweden verbracht hatte, ohne die schwedische Sprache richtig zu beherrschen, hatte er zwar durch Pfiffigkeit die

Aufnahmeprüfung in die Sexta bestanden, aber dann „brach die Welt über ihm zusammen". Er klagte über schreckliche Kopfschmerzen, wurde mit merkwürdigen Luftspritzen behandelt, ohne dass er eine Besserung verspürte. Meine Mutter wusste keinen anderen Rat, als ihn im Internat der Waldorfschule in Benefeld anzumelden. Dort blühte er wieder auf. Jetzt waren nur Andi und ich zu Hause. Wir mussten die Kohlen aus dem Keller in den 2. Stock holen und mittags das Essen zubereiten und den Abwasch machen. Dabei haben wir immer den Schulfunk gehört und damit eine „gediegene Halbbildung" erworben.

in der Mitte Inge und Günter Kobow

Zu meinen Vergnügungen gehörte es, dass ich regelmäßig in den Osterferien nach Berlin zu unseren Freunden Günter und Inge Kobow flog und Grossstadtluft atmete. Die Familie Kobow mit ihren Kindern Pit, Ingrid und Jochen wurden für mich die Vizefamilie, bei denen ich auch meine Sorgen diskutieren konnte. Das gab mir immer viel Kraft und war für meine Mutter auch eine Erleichterung, denn sie hatte bei ihrer Arbeit ja immer weniger Ferien als wir Kinder.

In den Sommerferien1956 wurde ich von unserer schwedischen Freundin Barbro nach Österreich in das Flüchtlingslager Wegscheid bei Linz eingeladen, in dem sie die Leitung des schwedischen Hilfswerks innehatte. In dieser Zeit fand die Ungarn-Krise statt: Zu den Flüchtlingen nach dem 2. Weltkrieg kamen sehr viele Flüchtlinge aus Ungarn, die dem Kommunismus entflohen waren, dazu. Ich habe Barbro sehr bewundert, wie sie mit den Menschen umging: sie forderte die Frauen auf, die von Schweden gespendeten Kleider auseinander zu trennen, um neue Sachen zu nähen, damit sie beschäftigt waren und nicht nur Hilfe annahmen, sondern selbst einen Beitrag leisteten.

Nach meiner Rückkehr aus Österreich habe ich mit dem lippischen Landesschülerrat, zu dem ich als stellvertretende Schulsprecherin des Detmolder Mädchengymnasiums gehörte, besprochen, dass wir auch Hilfe leisten wollten für die Menschen in Ungarn. Wir haben dann zu Spenden aufgerufen und konnten eine ganze Menge für die ungarische Bevölkerung tun. Das waren meine ersten Aktivitäten im Hinblick auf Fürsorge für andere Menschen, die unter der politischen Bedrohung litten.

Für meinen Bruder Andi bemühte sich meine Mutter auch um eine Internatsstelle mit männlicher Leitung, denn ihr war es wichtig, dass ihre Söhne nach dem frühen Tod des Vaters auch männliche Vorbilder hatten. So bekam Andi eine Freistelle auf der Hermann-Lietz-Schule in Spiekeroog, wo er bis zu seinem Abitur im Jahr 1961 blieb.

ein Beispiel für meine Malfreude: die Nachbildung von Picassos Harlekin

Von unserer Schulleiterin, Frau Dr. Sauerbier, und den anderen Lehrerinnen waren wir dazu angehalten, uns für Frauenrechte einzusetzen. Nachdem Frau Dr. Sauerbier im Jahr 1957 pensioniert wurde, sollte das Mädchengymnasium - wie früher - wieder eine männliche Leitung bekommen. Das war nicht im Sinne von uns Schülerinnen! Wir bastelten große Plakate und demonstrierten für eine weibliche Schulleiterin. (Durch meinen sehr guten Zeichenunterricht war ich an solche Arbeiten gewöhnt!) Solche Demonstrationen war man bis dahin nicht gewöhnt. Aber wir hatten Erfolg und bekamen wieder eine Frau als Direktorin!

Im Frühjahr 1958 machte ich mein Abitur. Nach dem Abitur wollte ich eigentlich wie alle meine Klassenkameradinnen gerne mit einem Studium beginnen. Das fand meine Mutter aber nicht richtig. Nach den politischen Erfahrungen waren meine Eltern davon überzeugt, dass man auf jeden Fall einen Beruf erlernen müsste, mit dem man in der Lage sein könnte unterzutauchen. Also hatte meine Mutter die Idee, dass ich auf jeden Fall eine handwerkliche Lehre machen sollte. Sie hatte Kontakte aufgenommen zu der Schulleiterin in Rheydt, die früher Schulleiterin der Handels- und Gewerbeschule in Potsdam war. Dort wurde ich zu einer Schneiderlehre angemeldet, die aber erst im Herbst beginnen sollte. Um die Zeit dazwischen auszunutzen, machte ich eine halbjährige Ausbildung an einer Handelsschule in Bielefeld, um einen Lehrgang in Schreibmaschine schreiben, Stenografie, kaufmännischem Rechnen und Buchführung zu absolvieren.

In den Sommerferien 1958 besuchte meine Mutter mit uns drei Kindern und meiner Cousine Christin, die 2 Jahre vorher ihre Mutter durch einen Autounfall verloren hatte, die Weltausstellung in Brüssel. Voller Staunen sahen wir das Planetarium und all die vielen Sachen, die uns, die wir aus der kleinen Provinz kamen, sehr erstaunten.

Unsere Mutter erzählte uns, dass unser Großvater schon im Jahr 1893 die Weltausstellung in Chicago besucht hatte

Während meines halben Jahres in der Handelsschule in Bielefeld bekam meine Mutter einen Ruf in das Sozialministerium in Düsseldorf. Der dortige Abteilungsleiter Dr. Ludwig Landsberg hatte sie bei Tagungen kennen gelernt und fand es wichtig, dass sie in seiner Abteilung für ausländische Arbeiter zuständig sein sollte. Nach Beendigung meiner halbjährigen kaufmännischen Ausbildung zogen wir um nach Düsseldorf: nunmehr mit einem richtigen Umzugsunternehmen in eine Dreizimmerwohnung mit Balkon und Aufzug!

Aus dieser Zeit habe ich ein Erlebnis, das mich immer wieder beschäftigte. Meine Mutter und ich hatten einen modernen Hamlet-Film gesehen. Auf dem Weg nach Hause sprach ich meine Mutter auf den Tod meines Vaters an: „Ich habe immer das komische Gefühl, dass mit Vatis Tod irgendetwas nicht stimmte." Darauf antwortete sie mir: „Wenn Du nicht gefragt hättest, hätte ich nicht darüber gesprochen, aber mir hat am offenen Grab ein Parteifreund gesagt: „Ich bin aber nicht der Mörder Ihres Mannes!" …. Aber Gott sei Dank wissen wir, dass er tot ist!" Mit dieser Aussage konnte ich nun gar nichts anfangen.

Ich habe sie viel später erst verstanden, als ich 1994 den ältesten Sohn des ehemaligen Potsdamer CDU-Oberbürgermeisters getroffen habe. Der Oberbürgermeister wurde im Frühjahr 1950 zusammen mit seiner Frau von der Straße weg verhaftet. Die Großmutter, die zu dieser Zeit bei der Familie in Potsdam war, fuhr sofort mit allen 4 Enkeln und dem Dackel nach West-Berlin. Erst im Jahr 1959 hat die Familie gehört, was mit den Eltern passiert war. Nach der Verhaftung haben sie in dem Gefängnis „Lindenstraße" in Potsdam eine ganze Zeit lang gesessen und sind wahrscheinlich auch dort ordentlich gefoltert worden. Sie sind dann verlegt worden nach Moskau in 2 verschiedene Gefängnisse. Dort ist der Oberbürgermeister im Februar 1951 und seine Frau in dem anderen Gefängnis im April 1951 erschossen, sofort verbrannt und die Asche verstreut worden.

Nach der Wende wurden die Archive für eine ganz kurze Zeit geöffnet und da hat man festgestellt, dass diese Verhaftungen stattgefunden haben und dass die Menschen nichts getan hatten. Als Quasi-Wiedergutmachung wurden von Moskau einige Angehörige zu einer Gedenkveranstaltung eingeladen. Nachdem ich diese Geschichte gehört hatte, konnte ich einschätzen, was meine Mutter mit ihrer Aussage gemeint hatte.

Im Herbst 1958 begann ich mit meiner Schneiderlehre in Rheydt in der Handels- und Gewerbeschule. Dort waren wir nur 4 Mädchen in der Klasse und lernten nicht nur schneidern, sondern auch weißnähen, sticken, zuschneiden und Schnitte nach Maß zu erstellen. Im Vergleich mit einer normalen Schneiderlehre war das eine erstaunlich weitreichende Ausbildung. Wir schlossen diese nach einem halben Jahr mit der Zwischenprüfung für das Schneiderhandwerk ab. Danach kam ich nach Hause nach Düsseldorf und musste dort für das zweite Lehrjahr eine Lehrstelle suchen.

Es war damals schwierig, eine Stelle für das 2. Lehrjahr zu finden. Schließlich hatte ich eine Lehrstelle bei einer Meisterin, die von mir erwartete, dass ich am Wochenende ihre Wohnung putzte. Meine Mutter sah sich das 3 Wochen lang an und sagte dann: „Das geht gar nicht!" und deshalb kündigte sie diese Stelle. Glücklicherweise hatte eine meiner Freundinnen aus der Zeit in Rheydt, mit denen ich fröhliche Orgien mit selbstgemachtem Eierlikör gefeiert hatte, an die sie sich bis zum heutigen Tag erinnern, in einem sehr guten Atelier in Düsseldorf eine Lehrlingsstelle und es gelang ihr, für mich auch noch eine zweite Lehrstelle in diesem Atelier zu bekommen.

rechts oben Maria und Inge-Marie

In dem Atelier Thiele-Förster in der Innenstadt von Düsseldorf gab es die alte Meisterin, Frau Förster, deren Tochter, Frau Thiele, die die Arbeit im Atelier leitete, und 7 Lehrlinge und 2 Gesellinnen. Inge-Marie und ich genossen als Abiturientinnen eine Sonderbehandlung: wir wurden gesiezt und mussten abends nicht die Werkstatt ausfegen, aber wir durften auch nicht zur Berufsschule gehen, sondern mussten mit unserer vollen Arbeitskraft die ganze Zeit über zur Verfügung stehen und die notwendigen Kenntnisse für die Berufsschulprüfung dann alleine erlernen. Die anderen Lehrlinge standen geistig, sozial und altersmäßig auf einer anderen Stufe als wir beiden älteren, aber sie konnten schneller sticheln als wir! Ich erinnere mich an eine Situation: ich stand am Bügeltisch, als die älteste Gesellin ankam und sagte: „gehen Sie mal hier weg!" Normalerweise hätte ich einen flotten Spruch auf den Lippen gehabt, aber ich hielt mich zurück und sagte: „Natürlich, Sie sind ja Gesellin." Und beobachtete das, was sie tat und stellte fachliche Fragen. Der Erfolg meines Verhaltens war, dass sie von dem Moment an, immer, wenn sie etwas machte, was ich noch nicht gelernt hatte, mich zu ich rief und ihr Können weitergab. Ein Vierteljahr, nachdem ich die Lehre abgeschlossen hatte und schon studierte, lud sie mich noch zu ihrer Hochzeit ein! Diese Erfahrungen mit den Mitarbeiterinnen in dem Schneider-Atelier waren für meinen weiteren Lebensweg sehr wichtig.

Studienbeginn mit Begleitung

Im Februar 1960 fand die Gesellenprüfung statt. Eines Abends rief Martin von Pawelsz, der von seiner Patentante angekündigte junge Mann bei uns an und verwickelte mich in ein freundliches Gespräch, in dem erzählte, dass er auch eine Gesellenprüfung im Maurerhandwerk gemacht hatte. Er wollte gern einen Besuch bei uns machen, um uns kennenzulernen.

Martin von Pawelsz

Aber da erklärte ich ihm ziemlich arrogant, dass ich einige Reisen nach dem Lehrabschluss machen wollte und dass er sich Anfang Mai gern wieder melden könnte. Offensichtlich hatte er sich nicht abschrecken lassen von meiner frechen Art und meldete sich am 25. März 1960 wieder bei uns und lud mich zu einem Kinobesuch ein. Er kam am Nachmittag, um mich abzuholen. Meine Mutter hatte angeboten, abends ein Essen für uns vorzubereiten. Wir gin- gen in einen wunderbaren südamerikanischen Liebesfilm, indem das Liebespaar am Ende in einer Algarve landete! Als wir nach Hause kamen, empfing meine Mutter uns ganz vergnügt zum Essen. Wir redeten und erzählten und Martin machte gegen 10 Uhr ab und zu Anstalten zu gehen, wurde aber von uns mit den Worten: „Ach bleiben Sie doch noch ein bisschen!" aufgehalten. Schließlich brachte ich ihn um 23 Uhr noch bis zur Haustüre, denn unsere Haustür musste abends abgeschlossen werden. Ich kann mich entsinnen, dass ich zurückkam und zu meiner Mutter sagte: „Endlich mal ein Mann!"

Von da an kam Martin öfter zu uns zu Besuch oder er lud mich ein, mit ihm ins Kino zu gehen oder spazieren zu gehen oder, wenn meine Mutter nicht zuhause war, zusammen zu kochen. Dann brachte er das Fleisch aus der Filiale mit, die er als Bau-Ingenieur gerade umbaute. Eines Tages fragte er, ob er eine langjährige Freundin mit zu uns bringen dürfte.

Meine Mutter war gespannt auf diese Freundin und vermutete, dass sie prüfen sollte, ob ich in seinen Freundeskreis passte. Er brachte **Roswitha von der Leyen** mit. Es war sehr lustig, dass meine Mutter und Roswitha sehr schnell erkannten, dass sie eine Verbindung hatten: sie waren nämlich beide im Augustastift in Potsdam zur Schule gegangen! Damit war dann Roswitha der Meinung, dass Martin und ich zusammenpassten!

Im Mai 1960 begann ich mein Studium der Wirtschaftspädagogik in Köln und fuhr täglich von Düsseldorf nach Köln. In meiner freien Zeit verdiente ich das Geld für die Studiengebühren, indem ich für interessierte Damen Kleider nähte. Im Gegensatz zu vielen Kommilitonen, die Bafög bekamen und nicht arbeiten mussten, lag das Gehalt meiner Mutter etwas über dem Satz, mit dem man Studiengeld beantragen konnte. In den Semesterferien machte ich ein kaufmännisches Praktikum bei der Firma Phoenix Rheinrohr. Zu meinem Bedauern hatte ich nicht viel Kaufmännisches zu tun, sondern wurde von der Belegschaft zum Kaffee Kochen und Einkaufen geschickt.

Im zweiten Studienjahr nahm ich Martin an freien Arbeitstagen mit nach Köln zum Repetitor. Er war interessiert daran, was ich dort lernte und unterstützte mich sehr bei den Hausaufgaben, die ich für den Repetitor machen musste. Wir waren aufgefordert, Arbeiten genau nach Uhrzeit – wie im Examen – anzufertigen, die wir dann zur Überprüfung abgaben und zensiert bekamen. Ich weiß noch, dass ich von der Note vier langsam zur Note zwei aufstieg. Dieses Training der Zeiteinteilung bei Examensarbeiten hat mir später beim echten Examen sehr geholfen.

Nach den schlechten Erfahrungen mit meinem ersten betriebswirtschaftlichen Praktikum bat ich einen Onkel, der Bergwerksdirektor in Essen war, um Hilfe. Er vermittelte mir bei einem Vorstandsmitglied der Mannesmann AG einen Vorstellungstermin. Als ich dort anrief, wurde mir gesagt: „Wir haben schon auf Sie gewartet!" Ich wurde mit einem Diplom-Kaufmann auf Reisen geschickt, um Betriebsprüfungen zu machen. Wir fuhren von einer Firmen-Tochter zur anderen und mussten überall Betriebsprüfungen vornehmen. Dabei habe ich sehr gut gelernt, wie wichtig eine ordentliche Buchhaltung ist und konnte danach mit viel größerem Interesse meinem Studium nachgehen.

Martin war mir ein interessierter Begleiter und nahm mich in meiner Freizeit mit zu Einladungen bei Freunden. Meine Mutter hatte den Eindruck, dass wir uns immer besser verstanden und riet uns deshalb, in den Sommerferien doch einmal eine Woche allein zu verreisen, um zu sehen, ob wir es miteinander aushalten könnten. Diesen Vorschlag nahmen wir wahr und fuhren für eine Woche auf die holländische Insel Terschelling. Dort mieteten wir ein halbes Bauernhaus und zwei Fahrräder. In der anderen Hälfte des Bauernhauses machte ein Pfarrersehepaar Ferien. Sie waren sehr reizend zu uns und dachten, wir wären auf der Hochzeitsreise!!! Für uns beide war es eine wunderbare Erfahrung, nun ganz allein aufeinander angewiesen zu sein. Wir machten erholsame Ferien mit langen Strandspaziergängen, Radtouren, Lesen und Diskussionen und Kochorgien. Zu einem solchen Essen luden wir auch unsere Nachbarn ein. Nach dieser Woche kamen wir sehr glücklich über die gemachten Erfahrungen „in der Einsamkeit" zurück.

Meine Großmutter, die wir anschließend besuchten und ihr davon in aller Offenheit berichteten, sagte nur: „Ihr habt es heute wirklich gut! Wenn ich daran denke, dass ich Euren Großvater nur fünfmal gesehen habe und dann haben wir geheiratet. Das hätte doch auch schiefgehen können!"

Omi Engel

Asta v. Pawelsz und Erika Wolf

Martins Mutter und ihre Schwester, Tante Motte, besuchten wir in Berlin, damit sie mich auch kennenlernen konnten. Als Martins Mutter das erste Mal zu uns nach Düsseldorf kam, sagte sie zu meiner Mutter: „Wir kennen uns!" Sie waren sich in der 30iger Jahren bei Lieselotte Seeliger, einer Pensionatsfreundin von Martins Mutter und Martins Patentante und Freundin meiner Mutter, die später auch Patentante von meinem kleinen Bruder Christoph wurde, in Berlin begegnet! Am 30. September 1961, dem Geburtstag unserer beiden Väter, feierten wir dann unsere Verlobung.

Hochzeit – Geburt unseres 1. Kindes – Studienabschluss

Martin hatte inzwischen seine kleine Wohnung in Düsseldorf aufgegeben und mit einem Kollegen die frühere Wohnung von Roswitha von der Leyens Eltern über einem Pferdestall in Haus Meer gemietet. Dort haben die beiden Architekten erst einmal eine grundlegende Renovierung durchgeführt. Bei den Verschönerungsarbeiten konnte ich mithelfen und Gardinen nähen. Nach einem Jahr beendeten die beiden Architekten ihre Wohngemeinschaft und Martin bewohnte die renovierte Wohnung danach allein. Da Martin in seinem Alter mit 36 Jahren des Alleinseins müde war, beschlossen wir zu heiraten, obwohl ich mein Studium noch nicht beendet hatte. Wir hatten uns darauf verständigt, dass ich das Studium mit dem Examen abschließen sollte.

Am 25. August 1962 heirateten wir standesamtlich mit Martins Vetter Ludolf von Boehn und meiner Schul-

unsere Wohnung über dem Pferdestall im Park von Haus Meer

freundin Ute Paleit als Trauzeugen. An dem Abend gab es ein großes Fest in allen von uns für die Feier veränderten Räumen in Martins Wohnung über dem Pferdestall, zu dem wir alle Speisen selbst vorbereitet hatten. Viele Verwandte und Freunde begleiteten uns an diesem Abend mit Aufführungen und Reden.

Probst Grüber mit dem Brautpaar, im Hintergrund Bruder Andi

Am Sonntag gab es noch ein Katerfrühstück und dann kam die kirchliche Trauung am Dienstag, dem 28. August 1962 in kleinem Kreis mit Propst Grüber, der unsere Familie schon seit dem Kriege begleitet hatte. Zwei Tage später begann unsere Hochzeitsreise nach Le Grau du Roi in Südfrankreich am Mittelmeer. Nach 14 Tagen brachen wir zu einer Rundreise nach Clermont Ferrand, Paris, Metz bis nach Saarbrücken und Heidelberg auf.

Wie verabredet ging ich nach der Hochzeitsreise meinem Studium weiter nach. Merkwürdigerweise hatte ich scheußliche Kopfschmerzen und ging zu meinem Arzt. Er meinte: „wahrscheinlich haben Sie zu viel gearbeitet!" Ich antwortete: „Nein, ich komme grade aus dem Urlaub zurück. Aber Ich habe inzwischen geheiratet!" Da sah er mich lächelnd an und fragte: „Wollen Sie es wissen?" Ich habe ich ja gesagt. Dann untersuchte er mich und teilte mir nach einigen Tagen mit, dass ich schwanger war! Nun musste ich mich darauf einrichten, dass sich mein Leben auf Dauer verändern würde, obgleich ich mir eigentlich vorgenommen hatte, auf Kosten des ersten Arbeitsgebers mein erstes Kind zu bekommen! Aber ich habe im Wintersemester noch weiter studiert. Im Dezember machte ich die juristische Zwischenprüfung schon ziemlich schwanger! Glücklicherweise bestand ich sie und konnte mich nach dem Ende des Semesters auf das sich verändernde Leben vorbereiten.

Wir hatten uns inzwischen häuslich bei Haus Meer in unserer Wohnung über dem Pferdestall eingerichtet. Am 22. Juni 1963 brachte mich Martin kurz nach Mitternacht in die Privatfrauenklinik nach Hilden. Die Hebamme erklärte ihm, er sollte mal wieder nach Hause fahren und sich am nächsten Morgen wieder melden. Mich behielt sie in der Klinik. Am Morgen kam unser erstes Kind – Gerd - zur Welt. Ich hörte – noch im Kreissaal – wie Martin anrief. Martin hatte einen längeren Weg von Haus Meer bei Krefeld über Düsseldorf bis nach Hilden. Voller Freude und Glück sah er seinen Sohn an. Aber jetzt kam eine schwierige Aufgabe auf ihn zu, denn er musste ja seinen Sohn im Standesamt anmelden. Er ging dorthin und diktierte dem Standesbeamten den Namen: beim ersten Mal hatte der Standesbeamte Schwierigkeiten bei dem Namen von Pawelsz. Dann musste der Vorname aufgeschrieben werden: „Gerd – Joachim – Michael" Plötzlich entdeckte der Standesbeamte, dass er ein Todesanzeigenformular in der Maschine hatte. Also musste das Blatt aus der Maschine gerissen werden! Dann wurde ein neues Blatt in die Schreibmaschine eingefügt. Schließlich konnte dann die Geburtsurkunde beim dritten Anlauf ausgestellt werden!!! Das klingt fast schwieriger als die ganze Geburt.

Nach 8 Tagen kam ich schließlich nach Hause und wurde dort von Tante Motte empfangen, die Martin schon als Baby gepudert und gewickelt hatte. Sie war ausgebildete Kinderkrankenschwester. Sie brachte mir bei, wie man mit einem Baby umgeht. Sie übernahm die ganze Arbeit mit Gerd – nur stillen konnte sie nicht! 6 Wochen stand sie zu unserer Verfügung. Ich verwöhnte sie mit Eierlikör, um sie bei Laune zu halten. Obgleich unsere Wohnung im Hinblick auf warmes Wasser und sonstige Geräte sehr einfach war, konnte sie mit allem gut umgehen.

Bei Martin zeichnete sich ein Wechsel seines Arbeitseinsatzes ab, der mit einem Umzug nach Münster in Westfalen verbunden war. Da es dort auch eine Universität gab, riet meine Mutter mir, doch zum Sommersemester 1964 wieder zu studieren. Sie bot an, einen Tag in der Woche nach Haus Meer zu kommen, um Gerd zu hüten, damit ich an diesem Tag in Münster meinem Studium nachgehen konnte. Dieses Angebot nahm ich für das Sommersemester an. Martin war darüber nicht so glücklich, weil er meinte, dass ich ja eine Witwenrente bekommen würde, falls ihm etwas passierte. Aber dann kam meine Mutter und sagte mir eindringlich: „Denk daran, wie es mir ergangen ist. Wenn ich meine juristische Ausbildung beendet hätte, könnte ich heute ganz anders dastehen!" Das leuchtete mir ein und ich bin dankbar, dass ich auf sie gehört habe – auch wenn mir keine einfachen Zeiten bevorstanden.

Unser erstes Kind: Gerd-Joachim-Michael

Im Sommer 1964 zogen wir in eine schöne 4-Zimmer-Neubauwohnung in der Nähe vom Aasee in Münster. Wir hatten das Glück, dass unter uns eine Familie mit drei Jungen wohnte, deren jüngster Sohn genauso alt war wie Gerd. Dadurch hatte Gerd einen gleichaltrigen Spielkameraden und ich die Unterstützung bei der Betreuung von Gerd, wenn ich in die Uni musste.

Die Studienzeit war nicht leicht, weil Martin während der Woche meistens unterwegs war und ich dann zusehen musste, wie ich Gerd unterbrachte. Teilweise war er in Berlin bei seiner Großmutter und Mottchen oder die beiden haben ihn im Sommer nach Heiligenhafen mitgenommen. Dann fand ich eine Frau, bei der er die Woche über blieb und nur am Wochenende zu Hause war. Das war für uns alle nicht sehr einfach, aber ich habe mich bemüht, alle Möglichkeiten wahrzunehmen, um auch für ihn da zu sein. Ich weiß noch, dass er in seinem Kinderställchen neben meinem Schreibtisch saß und immer wieder versuchte, einen Bleistift so in die Hand zu nehmen, wie er das bei mir sah. Das rührte mich immer sehr! Aus seiner Erinnerung erzählte er mir später, dass ich ihn mitgenommen hätte zu einer Statistik-Vorlesung. Möglicherweise hängt das damit zusammen, dass ich in der Statistik ein interessantes Erlebnis hatte: die Übungen im Fach Statistik fanden in einem großen Hörsaal statt, weil so viele Studenten teilnahmen. Als die Referate verteilt wurden, gab es ein Referat mit dem Titel „Das Engel-Schwabesche Gesetz". Ich ging zu dem Professor und erklärte ihm, ich wäre eine Urenkelin von Ernst Engel, nach dem dieses Gesetz benannt worden war. Daraufhin bekam ich diesen Titel für ein Referat wie auch mehrere andere Studenten als Hausaufgabe zugewiesen! Als es dann zum Vortrag der Hausaufgaben kam, ging der Professor aufs Podium und erklärte: „Wir haben die große Ehre, dass die Nachkommen von Schwabe und Engel unter uns sind!" So wurde ich aufgerufen, meine Hausarbeit über Ernst Engel vor einem großen Studentenkreis vorzutragen.

Meine Münsteraner Studentenzeit war sehr viel erfolgreicher und schöner für mich als die Kölner Zeit. In Münster hatten wir ja eine Wohnung und Martin fand es auch interessant, meine Kommilitonen kennen zu lernen, so dass ich häufiger eine Abendeinladung machte. Jeder brachte etwas mit und dann kochte ich für uns alle. Wir hatten viel Vergnügen und gute Gespräche dabei. Im Übrigen halfen mir die Kommilitonen auch, wenn ich einmal eine Betreuung für Gerd benötigte.

Für meine Diplomarbeit mit dem Titel „Einführung in das israelische Genossenschaftswesen" hatte ich das große Glück, auf Anraten meines für die Diplomarbeit zuständigen Professors den Papst des Genossenschaftswesens, einen jüdischen Professor, der gerade mit seiner Frau aus Israel nach Bad Nauheim zu einer Herzkur im Rahmen der Wiedergutmachung gekommen war, zu treffen. Prof. Walter Preuss, der dem Holocaust entkommen war und als Professor für Geschichte der Arbeiterbewegung, Sozialpolitik und Genossenschaftswesen an der Hebrew University in Jerusalem bis 1984 unterrichtete, holte mich am Bahnhof mit seiner Frau ab und lud mich in ein Restaurant ein. Er erklärte mir, er stünde mir mit allen Erfahrungen zum israelischen Genossenschaftswesen zur Verfügung. Das war für mich eine riesengroße Hilfe, denn ich konnte mich in meiner Diplomarbeit immer auf das Gespräch mit ihm berufen und musste nicht mühsam aus Büchern zitieren. Bei der Bearbeitung dieses Themas habe ich viel über die Kibbuzim, Moschawim und Moschawim Schitufiim gelernt.

Nach den abschließenden Klausuren machte ich Ende April meine mündliche Prüfung. Morgens hatte ich Gerd noch zu den Diakonissen in den Kindergarten gebracht und einen Kommilitonen gebeten, ihn nachmittags abzuholen, weil ich ja nicht wusste, wann die Prüfung beendet wäre. Als ich glücklich nach bestandenem Examen nach Hause kam, saß Gerd dort mit einer dicken Wollmütze an einem heißen Apriltag! Ich wollte ihm die Mütze abziehen und wurde sofort von meinem Kommilitonen belehrt, dass Gerd eine Mittelohrentzündung hätte und während meiner Prüfung im Krankenhaus zur Behandlung war. Ich konnte nur dankbar sein, dass es einigermaßen glimpflich abgegangen war. Im Wohnzimmer traf ich auf eine fröhliche Gruppe von Kommilitonen und auf einen dicken Strauß roter Baccara-Rosen in meiner feinsten Berliner Vase! Martin, der dienstlich in Bayern war, rief mich abends an, um sich nach dem Abschlussergebnis zu erkundigen. Als ich ihm alles erklärte und von dem wunderbaren Rosenstrauß erzählte, meinte er nur lakonisch „Na, dann kann ich mir die Rosen ja sparen!!" Der Wohnzimmerstrauß war von meinem Studienfreund Heinrich, dem ich nach seinem ersten Nichtbestehen des Examens bei der folgenden Prüfung geholfen hatte.

Kapitel 4: Umzug nach Wiesbaden

Nach Beendigung meines Studiums mit einem ordentlichen Examen wollte ich gern eine Arbeitsstelle antreten. Damit war Martin aber nicht einverstanden. Mit dem Abschluss einer Ausbildung hatte ich ja nun für alle Notfälle eine Sicherheit erreicht. Jetzt fand er es wichtig, dass ich mich mehr um Gerd kümmerte. In meiner Freizeit könnte ich gern zu Hause etwas tun! Sonst müssten wir uns trennen!

Einige Tage dachte ich über diese Alternative nach. Da sich Martins Arbeitseinsatz nach Wiesbaden verlagerte und die Firma Dyckerhoff ihm ein Baugrundstück anbot, und damit ein Wegzug von Münster anstand, entschloss ich mich für die Alternative, zu Hause zu arbeiten und Gerd besser zu betreuen.

Gerd

Wir zogen also nach Bleidenstadt, in einen kleinen Ort in der Nähe von Wiesbaden, um. Gerd bekam einen Platz in einem katholischen Kindergarten. In dieser Zeit spielte er immer mit einer kleinen Holzbahn und sang „Freue Dich, freue Dich, oh Isabel von Bleidenstadt!"

In unserer kleinen beengten Dachwohnung merkte ich, dass ich wieder schwanger war. Damit wurde uns klar, dass wir dringend ein Haus bauen müssten, damit wir den notwendigen Platz für zwei Kinder hätten. Neben seiner beruflichen Tätigkeit für die Firma Dyckerhoff entwarf er ein Einfamilienhaus, für das ein Kollege die Statik berechnete.Wir machten dann gemeinsam die Bauanträge und die notwendigen Arbeiten für einen Baubeginn.Anfang April fingen wir an zu bauen. Jede freie Minute benutzten wir für die Vorarbeiten auf dem Grundstück. Als die ersten Bauarbeiter auf unserem Grundstück eintrafen, ging ich mit Gerd an der Hand zu ihnen und erklärte ihnen: „Das Kind kommt bald! Es kommt darauf an, wer eher fertig wird! Haus oder Kind." Sie kannten ja meine normale Figur nicht und mussten deshalb auf meine Schwangerschaft hingewiesen werden. Wir waren jeden Tag auf der Baustelle und ich verzeichnete in einem dicken Buch alle Fragen, die ich Martin abends vorlegte und dann am nächsten Morgen den Bauarbeitern die Antworten gab. Die Bauleute fanden es erstaunlich, dass wir, wann immer es möglich war, auch am Wochenende etwas auf dem Grundstück taten. Sie kamen immer sehr freundlich zu mir und sprachen mit mir über ihre Sorgen und Nöte. Ich muss sagen, ich habe nie so viele Kavaliere auf einem Haufen erlebt wie auf unserer Baustelle!

Am 25. Juli 1967, am Geburtstag von Martins Mutter, wurde Isabel – Christin geboren. Mein Bruder Christoph meinte nur: „Wie schön, dass es kein Isabeau geworden ist!" Ich fragte die Nonnen nach meiner Rückkehr aus der Klinik, ob es im Kloster eine Heilige Isabel gegeben hätte. Das verneinten sie erstaunt. Dann fiel mir ein, dass wir vor Isas Geburt einmal eine Cousine mit ihrer kleinen Tochter Isabel besucht hatten.

Wieder kam unsere bewährte Hausamme „Mottchen" zur Babypflege.

Morgens wurde Isabel in Bleidenstadt gebadet und anschließend fuhren wir auf's Grundstück, denn wir hatten ja alles Notwendige dabei, weil ich stillte.

Neubau in der Heinrich-Zille-Str. 10

Durch die Anstreicherei bekam ich eine heftige Brustentzündung! Auf den Rat meines Gynäkologen, sofort abzustillen, konnte ich nur erwidern: „Das geht nicht, denn wir können auf dem Grundstück nichts kochen!" Darauf riet er zu Alkoholumschlägen auf der Brust. Das machte ich auch mit dem Erfolg, das Isabel nach drei Schlucken einschlief! Sie hatte eine Alkoholvergiftung!!

Drei Wochen lang haben wir dann Wände angestrichen und Fenster lackiert, bis wir endlich Mitte August in unser fast fertiges Haus nach Wiesbaden-Schierstein in die Heinrich-Zille-Str. 10 einziehen konnten. Glücklicherweise war der Umzugstag ein regenfreier Tag. Wir hatten große Sorge, weil es noch keine Strasse sondern nur einen abschüssigen Weg gab, denn das Haus lag am Hang. Zwei Tage nach unserem Umzug fing es an heftig zu regnen mit dem Erfolg, dass unser neues Haus im Keller feucht wurde, denn es stand wie in einer Wanne.

Isabel-Christin

Einige Wochen nach unserem Einzug stand der Maurer, der die Bauleitung gemacht hatte, vor unserer Tür. Ich begrüßte ihn mit seinem Namen, was ihn sehr erstaunte. Er fragte: „Darf ich mal die Kleine sehen?" und strahlte Isabel voller Stolz an! Dann verrichtete er die notwendigen Arbeiten.

Martins alte Freundin, Roswitha von Bergmann, besuchte uns aus Düsseldorf mit einem Auto voller Wannen, in denen sie Pflanzen brachte, die sie aus ihrem vor einem Jahr bepflanzten Garten schon entbehren konnte. Dank der noch immer nicht vorhandenen Straße musste sie mit ihrem Auto mehrfach bergab rutschen, um die Pflanzen auszuladen, die unseren Garten verschönern sollten. Aus ihrer Erfahrung gab sie unswichtige Hinweise für die Gestaltung unseres neuen Gartens.

Nun waren wir in Schierstein in einem Neubaugebiet gelandet und kannten noch niemanden in unserer Umgebung. Kurz nach unserem Einzug musste Martin beruflich eine Studentengruppe mit ihrem Professor betreuen, die über die Herstellung von Zement unterrichtet werden sollten. Martin ging morgens etwas unsicher in die Firma, weil er noch nie so eine Begegnung gehabt hatte, und kam abends ganz begeistert nach Hause: Der Professor und er

Erika und Robert Geipel

hatten sich „die Bälle nur so zugeworfen!" Als er dann einen persönlichen Dankesbrief von Professor Geipel bekam, sagte ich zu Martin: „Lass uns den Professor mit seiner Frau doch einmal einladen, denn wir kennen doch hier noch niemanden°! Gesagt – getan: es war ein großer Erfolg: das Ehepaar Geipel waren unsere ersten Gäste und wurden lebenslange Freunde für uns, auch nachdem er einen Ruf nach München bekam.

Da Wiesbaden eine feine „Rentnerstadt" mit vielen seit Generationen ansässigen Familien war, hatte man Schwierigkeiten, Kontakte zu knüpfen. Aber wir hatten das Glück, dass wir bei den ersten Einladungen neue Menschen kennenlernten, die uns gerne „weitergaben"!

Mechtild und Volker Sachs

Dann bekam ein Kollege aus der Firma Dyckerhoff auch ein Baugrundstück oberhalb von unserem Grundstück angeboten und fragte Martin um Rat und Hilfe. Das Ehepaar Sachs hatte auch drei Kinder, die zwar etwas älter als unsere Kinder waren, aber wir konnten unser Leben lang einen guten und fröhlichen Austausch miteinander pflegen.

Langsam richteten wir uns in dem Neubaugebiet in Wiesbaden-Schierstein, dem Tor zum Rheingau, ein. In der Zeit, die mir neben Haushalt und Kinderversorgung blieb, hatte ich die Möglichkeit, in dem studierten Bereich zu arbeiten und etwas eigenes Geld zu verdienen. Ein Vetter von Martin gab mir als Bankdirektor den Auftrag, die tägliche Zeitung FAZ nach bestimmten für ihn wichtigen Artikeln zu lesen und ihm alle notwendigen Erkenntnisse zusammenzustellen und zu schicken.

Von der Metallgesellschaft in Essen wurde ich beauftragt, eine Untersuchung über die Firma Freudenberg mit ihrer Herstellung von Vlieseline zu machen. Das war für mich interessant, weil ich das Material ja während meiner Lehrzeit im Schneideratelier kennengelernt hatte.

Für das statistische Bundesamt machte ich eine Untersuchung über Altersstrukturen in der Bevölkerung. Dadurch bekam ich mehr Einblick und Verständnis für die Zusammensetzung des deutschen Volkes.

Ich war dankbar, dass ich meine im Studium erworbenen Kenntnisse auf diese Weise in unser Leben einbringen konnte. Auch in der größer werdenden Familie gelang es mir, meinen Verstand im beruflichen Bereich zu trainieren. Das erwies sich für meine weitere Zukunft als wichtig.

1970 wuchs unsere Familie erneut: unsere Tochter Beatrice-Sophia wurde am 29. Mai, am Geburtstag ihrer Urgroßmutter, geboren.

In ihrem ersten Lebensjahr machte uns Beatrice trotz der bewährten Hilfe unserer „Hausamme", Tante Mottchen, große Sorgen: sie musste einige Wochen nach der Geburt ins Krankenhaus. Nach 14 Tagen durfte ich sie wieder abholen und bekam ein sehr zartes „Püppchen", das besondere Fürsorge benötigte. Für die ganze Familie war das eine große Herausforderung, die wir glücklicherweise bestanden haben! Beatrice entwickelte sich im Laufe ihres Lebens zu einem munteren Kind, das uns mit vielen Seiten des Lebens konfrontierte, die wir aus unserem bisherigen Leben nicht kannten.

Beatrice-Sophia

„Kunst im Garten"

Im Sommer 1970 las ich in der FAZ-Wochenendzeitung einen Artikel mit dem Titel „Kunst und nette Familien", den ich Martin bei einer Autofahrt vorlas. Dort wurde beschrieben, dass eine junge Familie in Frankfurt/Main ihre Wohnung für eine eintägige Kunstausstellung geöffnet hatte. Dort gab es neben der Kunst Schmalzstullen und die Möglichkeit zu Gesprächen. Diese Idee faszinierte mich!

Da wir jetzt ein sehr schönes, großzügiges Haus in Wiesbaden hatten und interessiert waren an Begegnungen mit Menschen, schlug ich Martin vor, uns Gedanken darüber zu machen, ob wir nicht auch eine solche Veranstaltung initiieren könnten. Im Frühjahr 1971 waren wir in einem Haus eigenladen, in dem viele farbige Bilder mit derselben Malweise hingen. Auf meine Frage, wer diese Bilder gemalt hätte, sagte die Gastgeberin: „Ich!" Da fragte ich sie begeistert, ob sie bereit wäre, ihre Bilder in unserem Garten auszustellen. Das bejahte sie. In der Firma Dyckerhoff gab es einen Bildhauer, der Betonplastiken herstellte, die in der Firma verstaubten. Martin fragte ihn, ob er seine Werke in unserem Garten zeigen würde. Er war ganz glücklich über unsere Ausstellungsüberlegungen. Damit nahmen unsere Gedanken Gestalt an.

Gartenseite unseres Hauses

Bei der Umsetzung hat sich Martin mit tollen Ideen engagiert: Er besorgte Baugerüste und Wände von seiner Firma, damit wir im Garten Stellwände für die Bilder hatten. Für die Plastiken konnte er auch spezielle Böcke von seiner Firma Dyckerhoff entleihen. Zur Bekanntgabe unserer Ausstellungsidee entwarf Martin Einladungskarten, die an Freunde und uns bekannte Menschen verschickt wurden. Ich kümmerte mich die Verköstigung der Gäste und Helfer für den Ausstellungstag. Dann warteten wir gespannt, was geschehen würde.

Zu unserer großen Freude war die „Kunstausstellung im Garten" im Juni 1971 ein voller Erfolg. Es kamen viele Menschen und der „Wiesbadener Kurier" brachte einen Artikel „Lieber mehr Freizeit und weniger Geld…". Nach diesen Erfahrungen fühlten wir uns ermutigt zu weiteren Aktionen. Mit jeder Ausstellung wurden wir in den Ausführungen perfekter! Ich hatte mir überlegt, etwas für meine Kinder und später auch für meine Schüler zu bieten, was man nicht kaufen kann: Kontakt mit Künstlern und keine „Schwellenangst" vor dem Besuch einer Kunstgalerie. Aus diesem Grunde war es uns auch wichtig, dass die Künstler am Ausstellungstag anwesend waren. Die Ausstellungen mit dem Titel „Kunst im Garten" fanden 21 Jahre lang regelmäßig an einem Sonntag im Juni statt – immer in der Hoffnung, dass es nicht regnete! Die Kunstwerke konnten nur an diesem einen Tag besichtigt und bewundert und…. gekauft werden. Das bedeutete, dass alle Bilder gerahmt sein mussten, damit die Käufer sie ab Sonntag Abend abholen und zu Hause sofort aufhängen konnten!

Regelmäßig gab es einmal im Jahr ein „Großkampf-Wochenende" in der Wiesbadener Heinrich-Zille-Str. 10! Am Abend vor der Ausstellung luden wir unsere engen Freunde zu einem Abend mit Gesprächen und Tanz ein. In der Regel hatten wir vier Tische à 10 Personen mit einer ausgeklügelten Tischordnung, die ich am Abend vorher entwarf. (ein älterer Freund schwärmte von meinen Tischordnungen: „Maria gibt mir immer so reizende, junge Frauen als Tischdame!!") Am Festabend gab es immer „Szegediner Gulasch und Beeren-Obstsalat" und zum Abschluss diverse Käsesorten. Das wussten alle Gäste und freuten sich darauf. Nachdem die Gäste uns verlassen hatten, musste noch schnell umgeräumt werden, weil ja am nächsten Morgen die Ausstellung stattfand. Ich stand sehr früh auf, um die notwendigen Sößchen für die schon Wochen vorher mit den Kindern vorbereiteten und eingefrorenen Klopse vorzubereiten. Auf unserem großen runden Esstisch war alles aufgebaut: Bauernbrot, Schmalz, Käse, Quark und die Buletten usw. Zum Nachtisch gab es Rote Grütze mit Vanillesauce. Viele Gäste brachten auch einen Essensbeitrag mit, weil Martin ihnen beigebracht hatte, dass wir in unserem schönen Garten im Juni genug Blumen hatten! Unter dem Schatten spendenden Nussbaum stand eine große Waschwanne mit Eis. Dort wurden Sekt und Bitter Lemon gekühlt. Dieses erfrischende Mischgetränk nahmen die Besucher voller Lust zu sich. Wir hatten wunderbare Helferinnen, die den ganzen Tag in der Küche standen und für Nachschub an abgewaschenen Gläsern und sauberem Geschirr sorgten. Meine Aufgabe war es, mit einer Liste herumzugehen, um die Käufer zu notieren, denn ich musste dann hinterher als Diplom-Kauffrau die Geschäfte abwickeln. In der Regel begrüßte Martin die Besucher der Ausstellung mit einer launigen Rede.

Besucher der 1. Kunstausstellung

Im **Juni 1971** stellten wir **Christa v. Steinrück** mit vielfarbigen Aquarellen und **Alfred Widmer** mit Betonplastiken aus. Viele Besucher freuten sich über diese unbekannte Form einer Ausstellung: im Garten mit Essen und Getränken und vielen guten Gesprächen. Sie kauften Bilder und Plastiken, die am Abend mit nach Hause nehmen konnten.

Bei dieser Ausstellung kamen unsere Kinder in den Garten gelaufen und erklärten: „Da kommt eine Brilliantenmieze!" Wir erklärten, dass wir keine Brilliantenmieze kennen : Aber es kam eine geschmückte Dame, die sich als Freundin meiner Mutter aus ihrer Bundestagsarbeit entpuppte! Diese Dame kaufte eine Plastik „Wolfsrudel" von Alfred Widmer. Als Martin und ich ihr die Plastik am folgenden Tag in ihr Haus brachten, sahen wir sehr viele wertvolle Originale. Dazwischen hingen immer wieder Gemälde mit einem sehr „wilden" Pinselstrich. Auf unsere Frage nach dem Künstler sagte sie uns: „Diese Bilder habe ich gemalt! Nach meiner Pensionierung als Ärztin habe ich mich mit Malunterricht bei Christa Moering (eine Wiesbadener Malerin und Galeristin) auf meine Zeit nach dem Berufsleben vorbereitet." Ganz spontan fragte ich sie: „Können wir Sie im nächsten Jahr ausstellen?"

1973   Gemälde von **Maria Strecker-Daelen**

und Tonplastiken **von Renate von Christen**
– Mitglied der Künstlergruppe 50 in
Wiesbaden

MONTAG, 18. JUNI 1973   FEUILLETON   WIESBADENER KURIER

Schierstein

Kunst im Garten

Ausstellung für einen Tag

Die Einladung ist von perfekter Distinktion — um so überraschender und angenehmer die Veranstaltung. Eine Ausstellung. Kunst in einem Garten, wo der Maschenzaun stückweis verhängt ist mit Stoffwand für die Bilder, wo Drahtpuppen von den Bäumen herunterbaumeln und Heckenrosen die Terrasse zum Haus hinaufklettern; wo im einen Teil die eigenwillige Jugend Hopsball spielt und im anderen die Gäste die Werke betrachten, sich treffen, sich unterhalten. Ausstellung für einen Tag, gestern in der Heinrich-Zille-Straße in Schierstein, bei Maria und Martin von Pawelsz, deren Haus seit Jahren eine Stätte geistiger Geselligkeit ist. Und gerade diese privaten kulturellen Aktivitäten, wie man heute wohl sagen muß, kann man nicht hoch genug rühmen, ihre Wichtigkeit für das allgemeine gesellschaftliche Leben nicht hoch genug einschätzen. Und wenn so viele kommen, und wenn es auch noch Spaß macht . . .

Künstlerische Absicht und sympathische Atmosphäre: sie schließen hier einander nicht aus, im Gegenteil, die zwanglose Präsentation, das Freisein von den Pressuren des Kunstgenusses kommt den Werken zugute, läßt die Begegnung mit ihnen um so freundschaftlicher, um so nachhaltiger werden. Eine Malerin und eine Plastikerin. Maria Daelen zeigt in Öl, Landschaften und Stilleben, bei denen, so scheint es, eine impressionistische Grundstimmung durch betonte Binnenkontur

strukturiert wird, was dekorativen Bildaufbau und ausdrucksvolle Nuancierung der zusammengehörigen Farbfelder erlaubt; wo diese aber ungetrennt gegeneinandergesetzt sind, entstehen sparsame flächige Kompositionen von besonderer Ausdruckskraft, etwa ,Herbststimmung' oder ,Mosbacher Kirche'. Dann die Plastiken der Renate von Christen. In dieser lebensfrischen Umgebung erwachen sie förmlich zum Leben, unprätentiös, natürlich, in bauchiger Unbekümmertheit, spitz-liebenswürdiger Groteske, heiterer Ironie. Viele erkennt man, gerne, wieder; das Theaterrund, die Zirkusreiterin; anderen begegnet man neu, der ,nackten Emma'(!), frei nach Goya, einem Springbrunnen auch, und vor allem den wenig auffälligen, dafür um so schöneren Entwürfen für Wasserspiele, in verwunschenen Farben und vegetativen Formen.

Ausstellung für nur einen Tag, aber voller Anregung.   us

1974 Gemälde von **Emily v. Poser**

und Plastiken von **Godula Bornheim**/Künstlergruppe 50

1975 Ursula Wilke / Bonn (Ursula war eine alte Liebe von Martin, die er als bedeutende Keramikerin vor unserer Ehe kennengelernt hatte. Inzwischen hatte Sie einen Diplomaten geheiratet, drei Kinder bekommen und war seit 1974 Witwe. Nach dem Tod ihres Mannes hatte sie begonnen, Aquarelle auf

eine besondere Art zu malen und uns gefragt, ob wir sie ausstellen würden. Wir bejahten das und sie brachte als ihre Gäste den nordrhein-westfälischen Kultusminister Johannes Rau und Jasper Graf v. Schlieffen mit.

1976 Afrika bei uns zu Gast

Zum Abschied von Dr. Erika Wolf aus dem Bundestag, in dem sie sich ausführlich mit der Entwicklungspolitik in Afrika befasst hatte, war der Besuch des Bundestagspräsidenten Kai-Uwe v. Hassel mit seiner Frau Monika, die zum Entsetzen unserer Kinder unter Polizeischutz kamen, gedacht.

Bundestagspräsident Kai-Uwe von Hassel mit seiner
Frau Monika und Dr. Erika Wolf

1977 naive Malerei von Spootz – **Marie-Mathilde v. Thüngen**

1978 Markus van den Broek – Hans Hollinger – Matthias Schneider (Wiesbadener Künstlergruppe)

1979 Catherine Armitage und

ganz rechts Catherine Armitage und Paul Feiler

Paul Feiler

Paul Feiler/Kerris/Cornwall (bekannter Maler und Dozent in Bristol)

und **Dagmar Uhde/Berlin**

Bartho vor seinen Bildern

1980 Bartholomeu dos Santos/London war der Leiter der Grafikabteilung an der Londoner Sladeschool und Lehrer von Catherine Armitage. Sie hatte ihn an uns vermittelt. Am Ausstellungsabend sagte Barto zu mir: „Heute morgen hatte ich Sorgen, dass es regnen würde, dann fragte ich mich: wird überhaupt jemand kommen und werde ich etwas verkaufen?" Dann holte er tief Luft und erklärte mir: „Das war besser als in der besten Südlondoner Galerie! Ich bringe Euch jeden Künstler, den Ihr haben wollt!"

Catherine Peers/Stadhampton, eine Tochter von Paul Feiler mit Keramik

1981 Carmen Gracia / Windsor (Schülerin von Bartho) und **Olivier v. Beaulieu**

Anna Wintzer/Kronberg

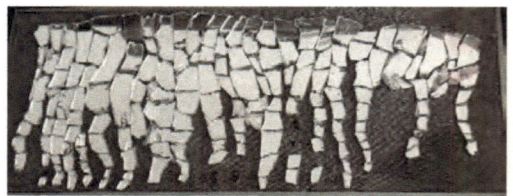

1982 Ilse Bing – die Königin der Leica / New York (Sonntag, den 17.1.1982) im Haus

Die Fotografin Ilse Bing ist in New York gestorben.

Fotografin Bing tot

Aus USA Kontakt nach Wiesbaden gepflegt

24.2.98

In New York ist 98jährig die Fotografin Ilse Bing gestorben. Die jüdische Künstlerin, von der vor einigen Monaten im Fernsehen ein beeindruckendes Porträt zu sehen war, hatte eine enge Verbindung zu Wiesbaden. 1982 zeigte sie im Haus der Christdemokratin Maria von Pawelsz-Wolf eine Auswahl ihrer Werke und erzählte aus ihrem Leben, das sie nach dem Aufenthalt in einem Internierungslager in die USA führte. Auch später war sie wieder einmal zu Besuch in Wiesbaden. Ilse Bing, die mit dem Pianisten Konrad Wolff verheiratet war, galt als „Königin der Leica" und ihre Bilder wurden im Museum of Modern Arts gezeigt. In ihrer Heimatstadt Frankfurt wurde Ende der 80er ihr Schaffen gewürdigt.

1982 Ursula Wilke-v. Schlieffen

1983 Helen Feiler/Bath-England, Tochter von Paul Feiler
– Barbara Harland/Lübeck ---->

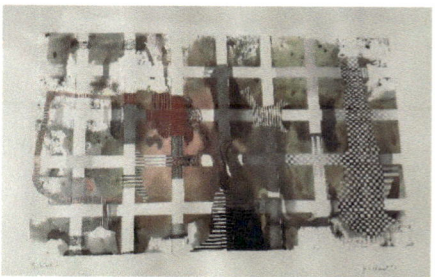

1984   Liesel Metten/Nieder-Olm

und

June Miles / St. Ives- Cornwall

June Miles, St.Ives

1985 Eilert Obernolte / Verden/Aller und **Gerd Schulze-Othersen/Kirchtimke**

1986 Hanne Bee / Zürich und **Jean Macalpine/London**

1987 Silberhochzeit

Hanne Bee

1988 Herbert Gutsch / Berlin

61

1989 Willibrord Haas / Berlin

1990 Bartholomeu dos Santos / London

1991 Gedächtnisausstellung Emily v. Poser

1992 Henriette Heine /Schleswig (Aquarelle) Wolfgang Putz / Leipzig (Gemälde)

Ursula v. Schlieffen /Frankfurt/Main (Keramik)

In der Nacht nach dem gemeinsam verbrachten munteren Sommerfest starb mein „Vizevater" Günter Kobow, der am Nachmittag aus Berlin gekommen war, bei unserer Hausärztin. Wir konnten die Ausstellung nicht absagen, aber mit dem Tod von Günter, der alle Ausstellungen mit großer Freude mitgemacht hatte, war für uns ein Schlussstrich gezogen – auch wenn alle Freunde uns anboten, bei weiteren Ausstellungen mitzumachen und zu helfen, wenn wir es allein nicht schaffen würden. Martin und ich empfanden es als einen Fingerzeig, eine gute Tradition nach 21 Jahren zu beenden!

Günter Kobow

Gesellschaftspolitisches Engagement

Kurz vor Isabels Geburt war ich in die CDU eingetreten. Zu Beginn meiner Parteimitgliedschaft arbeitete ich in der Frauenunion mit. Das ließ sich gut mit der Familienarbeit verbinden. Mit den Jahren habe ich mich dann in der CDU vor Ort engagiert: für meine Partei wurde ich Mitglied im Schiersteiner Ortsbeirat. Da habe ich gelernt, mich um die Sorgen und Nöte meiner Mitbürger zu kümmern. Im alten Ortskern waren alte, gewachsene Strukturen, die langsam durch den neu bebauten Teil in Schierstein-Nord verändert wurden. In unserem Neubaugebiet wurden ein Kindergarten, ein Gemeindezentrum und ein Einkaufsviertel gebaut. Martin hatte beschlossen, dass er sich als Johanniter um das Gemeindeleben kümmern wollte und wurde zum Kirchenvorstandsmitglied gewählt, während ich den anderen politischen Teil abdeckte. Damit hatten wir Beide guten Einblick in die Entwicklung unseres Stadtbezirkes und konnten diese Erfahrungen austauschen und auf dem kurzen „Dienstweg" vieles regeln, ohne dass Sitzungen einberufen werden mussten. Durch die wachsende Bekanntschaft wurde ich nach einigen Jahren zur Vorsitzenden der CDU-Schierstein und dann auch zur Fraktionsvorsitzenden im Ortsbeirat von Schierstein gewählt. Es machte mir Freude, durch dieses Engagement mehr Kontakt zu den Schiersteiner Bürgern zu bekommen, die sich immer noch in die „alten Schiersteiner am Hafen" und die Bürger im Neubaugebiet aufteilten. Durch das bekannte und beliebte Schiersteiner Hafenfest wuchsen wir immer mehr zusammen. Dabei halfen auch die drei Kirchengemeinden: die evangelische Christophoruskirche und die katholische St.-Peter-und-Paul-Kirche im Süden und das Gemeindezentrum im Norden von Schierstein.

Mit dem Heranwachsen unserer Kinder ergaben sich Aufgaben der Eltern im schulischen Bereich. Ich wurde in den Elternbeirat in der Grundschule und später im Gymnasium gewählt. Mit dieser Verantwortung landete ich schließlich auch im Stadtelternbeirat und konnte dort die Interessen unserer Kinder vertreten. Dadurch ergab sich eine zunehmende Kenntnis der Arbeit in den Schulen und Erfahrungen mit den einzelnen Lehrern.

Nach meiner Verbeamtung wurde mir von meinem Mentor nahegelegt, in den Berufsschullehrerverband einzutreten. Das tat ich auch, weil es mir ja wichtig war, meine teilweise schwierigen Erfahrungen aus der Seminarzeit einzubringen und durch Diskussionen für Veränderungen in der Lehrerausbildung zu sorgen. Im **„Gesamtverband der Lehrer an beruflichen Schulen" (GLB)** wurde ich nach einiger Zeit in den Landesvorstand gewählt und im Vorstand zuständig für die Frauenarbeit. Von dort wurde ich in den Hessischen Landesfrauenrat entsandt. 1982 wählten mich die Vertreterinnen aller hessischen Frauenverbände für einige Jahre zur Landesfrauenratsvorsitzenden.

Schwester Dr. Lea Ackermann

Bei einer Tagung aller Frauenratsvorsitzenden der Bundesländer lernte ich Schwester Lea Ackermann kennen, die uns über ihre Arbeit bei der von ihr gegründeten Organisation „SOLWODI" (Solidarity with women in distress = Solidartät mit Frauen in Not) berichtete. Schwester Lea war nach ihrem Studium und ihrer Promotion Nonne geworden und war nach Mombasa/Kenia in die Slums gefahren, um sich um Frauen zu kümmern, die als Prostituierte ihr Geld für die Familien verdienten. Auf eindrucksvolle Weise beschrieb sie, wie europäische Männer mit „Bumserbombern" zum Amüsement nach Afrika reisten, dort für ihre Ehefrauen von den Prostituierten gebastelten Schmuck als Geschenk kauften und dann mit den „Tripperklippern" zurückflogen. Ich war erstaunt über die Wortwahl ihrer Erfahrungen, aber gerade dadurch weckte sie das Interesse ihrer Zuhörerinnen.

Schwester Lea hatte es sich zur Aufgabe gemacht, den Prostituierten beizubringen, wie man auf andere Weise Geld für die Familie verdienen kann. Seit vielen Jahren unterstütze ich ihre Arbeit und kann durch Veröffentlichungen daran teilnehmen. In Deutschland kümmert sie sich mit ihrer Organisation um Migrantinnen in Not oder in Zwangslagen. Alle Vorsitzenden waren von diesem Engagement beeindruckt und versprachen, in ihrem Rahmen diese Arbeit zu unterstützen. (www.solwodi.de)

In jedem Jahr fand der „Hessentag" immer an einem anderen Ort in Hessen statt. Im Rahmen des Hessentages gab es eine Veranstaltung des Landesfrauenrates auf Einladung des jeweiligen Ministerpräsidenten. Nach einiger Zeit als Mitglied wurde ich zur Vorsitzenden des Hessischen Landesfrauenrates gewählt. Ich erinnere mich an mehrere Begegnungen mit Ministerpräsident Holger Börner. Nach der Sitzung gingen wir zusammen zu Tisch.

Ministerpräsident Holger Börner

Ich stand neben ihm und sagte: „Herr Börner, Sie brauchen ja eine Dachlatte, um mit den Menschen umzugehen. Ich bin Schneidergesellin und brauche nur eine Stecknadel zum Pieken!" Da lachte er mich an und sagte: „Gnädige Frau, wir sind zwei barocke Fossilien, setzen wir uns erst einmal!" (Die Aussagen über seinen Umgang mit den Menschen mit einer Dachlatte füllten damals die Zeitungen!) Wir hatten einen außerordentlich guten Kontakt miteinander, der bis zu seinem Tod anhielt. Börner berichtete mir von seinen schwierigen politischen Erfahrungen mit den Grünen.
Nach dem Mittagessen sagte er mir: "Sie können mich jederzeit anrufen, wenn Sie etwas benötigen!" Als ich dann später einmal in der Staatskanzlei anrief, wurde ich gefragt: „Wer sind Sie denn?" Ich antwortete: „Sagen Sie Herrn

Ministerpräsident Börner nur meinen Namen!" Eine halbe Stunde später hatte ich den gewünschten Rückruf! Damals machte ich ihn auf den bevorstehenden 80. Geburtstag von Elisabeth Schwarzhaupt aufmerksam. Er bedankte sich für diesen Hinweis und lud alle Frauenvorsitzenden der verschiedenen Verbände zu einem Geburtstagsempfang in das Biebricher Schloss ein. Als Frau Dr. Schwarzhaupt ihm als ihrem Tischnachbarn sagte: „Herr Ministerpräsident, Sie haben doch noch mehr zu tun, als hier bei dem Empfang zu sein." Antwortete er: „Gnädige Frau, dieser Tag ist für Sie reserviert!" Er blieb bis zum Schluss und verabschiedete jede Dame mit einem Handschlag!

Mir hat es immer viel Freude gemacht, dass ich nicht in die CDU-Schublade gepackt wurde, sondern dass mir viele Menschen mit anderen Einstellungen und Lebenserfahrungen entgegen kamen und zu Gesprächen bereit waren. Auf diese Weise bekam ich auch häufig eine andere Sicht der Dinge und konnte meine Gedanken hinterfragen und auch immer wieder neue Wege gehen. So konnte ich meinen Horizont erweitern!

Gerade in der heutigen Zeit mit den vielen Veränderungen ist es so wichtig, mit den Menschen im direkten Gespräch zu sein und nicht nur auf digitale Weise zu kommunizieren. Wenn man sein Gegenüber richtig einschätzen will, muss man ihm ins Gesicht sehen und seine Mimik beobachten. Dann kann man viel besser erfahren, wie er sich wandelt.

Ich glaube, dass sich viele Probleme viel besser lösen ließen, wenn wir aktiver zuhören und mehr miteinander reden. Dann müsste nicht immer der Staat zu Hilfe gerufen werden, sondern wir könnten gemeinsam etwas für unser Zusammenleben tun und wären wahrscheinlicher zufriedener, weil wir erkennen, zu was wir fähig sind! Mit solchem Vorbild können wir auch die nächste Generation animieren, sich zu engagieren und für die Gesellschaft einzusetzen, denn wir leben nicht in einer Spaßgesellschaft! Diese Erkenntnis würde das menschliche Miteinander stärken und die Zufriedenheit fördern!

HOLGER BÖRNER
Ministerpräsident a.D.
Vorsitzender
der Friedrich-Ebert-Stiftung

Godesberger Allee 149
5300 Bonn 2
Telefon (02 28) 88 33 19

16.1.

Sehr geehrte, liebe Frau v. Puredez,

da ich am Sonnabend nicht nach Wiesbaden kommen kann,
möchte ich Ihnen auf diesem Wege meine herzlichen Glückwünsche
zu Ihrem runden Geburtstag übermitteln.

Ich wünsche Ihnen für die kommenden Jahre vor allem Gesundheit
und danke Ihnen für viele Anregungen, die Sie während meiner
Amtszeit in Wiesbaden für die Kommunalpolitik der Landesregierung
gegeben haben. Sie haben in Ihrer Arbeit nicht den Vorteil für Ihre
Partei, sondern für unser Gemeinwesen immer vor Augen gehabt.
Das ist recht verstandene demokratische Verantwortung.

In diesem Sinne wünsche ich Ihnen Glück und Erfolg für die Zukunft.

Mit herzlichen Grüßen, auch von meiner Frau

bin ich Ihr Holger Börner

67

1987 wurde mein Parteifreund Wallmann Hessischer Ministerpräsident. Mit ihm bekam ich beim Treffen des Frauenrates keinen guten Kontakt. Als ich ihn später einmal in meiner Eigenschaft als Landesfrauenratsvorsitzende anschrieb und darauf hinwies, wie schlecht Frauen bei Bewerbungen für Schulleitungen von seinem Staatssekretär behandelt wurden, bekam ich nicht etwa von ihm, sondern von dem betreffenden Staatssekretär, eine Antwort, in der er alles leugnete. Mit großem Befremden über dieses

in der Mitte Ministerpräsident Wallmann

Verhalten schrieb ich noch einmal an MP Wallmann und erklärte nach nochmaliger Rücksprache mit der Bewerberin ihm die Situation erneut. Darauf bekam ich keine Antwort! Als ich mich dann später mit einem SPD-Mann und einem FDP-Mann selbst um eine Schulleiterstelle bewarb, weil die CDU zu der Zeit immer erklärte „Frauen müssen gefördert werden!", bekam der FDP-Mann die Stelle!

Seit 1980 war ich Jugendschöffin: zuerst mehrere Jahre am Amtsgericht und anschließend am Landgericht. Die Richtertätigkeit als normale Bürgerin nahm ich sehr ernst. Das bedeutete für mich, dass ich mich sehr genau nach den Taten und dem Umfeld der jungen Angeklagten erkundigte, ehe ich zu meinem Urteil kam. Dafür war ich nach einiger Zeit bei den Berufsrichtern bekannt!

Da während der Gerichtsverhandlung mein Unterricht für die Schüler ausfiel, habe ich dafür gesorgt, dass meine Schüler im Rahmen der politischen Bildung an den Verhandlungen teilnehmen durften. In den Pausen durfte ich natürlich nicht auf Fragen der Schüler eingehen. Im nächsten Berufsschulunterricht haben wir dann über die Urteilsfindung gesprochen und diskutiert. Ich hatte immer den Eindruck, dass diese Gerichtsbesuche meine Schüler zum Nachdenken über das Verhalten von Jugendlichen brachte! Einmal hatten wir das Urteil gefällt, dass der jugendliche Straftäter der von ihm bestohlenen alten Dame einen Blumenstrauß bringen sollte, um sich zu entschuldigen. Eine solche soziale Tat war damals noch nicht üblich. Der Kommentar meiner Schüler war: „Das kann nur Ihre Idee gewesen sein!"

Eintritt in ein neues Berufsleben

Im Jahr 1974 ergab sich in unserer Familie die Notwendigkeit, dass Gerd ein Internat besuchen sollte, das von Martins Gehalt nicht allein finanziert werden konnte. Also machte ich mir Gedanken, welche Möglichkeiten sich für mich mit meiner glücklicherweise abgeschlossenen Ausbildung als Diplom-Kaufmann ergeben könnten. Ich ging also zum Schulleiter der Kaufmännischen Berufsschule und bat ihn um Rat. Er erklärte mir, dass ich mit dieser Ausbildung sofort beginnen könnte, denn es würden dringend Handelslehrer gesucht. Aber dann riet er mir, doch beim Regierungspräsidenten um die Anerkennung meines Diploms als erste Staatsprüfung

nachzufragen, um dann später in den offiziellen Staatsdienst einzutreten. Gesagt – getan: mein Diplom wurde als erste Staatsprüfung anerkannt und ich bekam an der Wiesbadener Schulze-Delitzsch-Schule eine Referendarstelle.

Mit Unterstützung eines Handelslehrers als Mentor und einer Vertrauenslehrerin, die vor ihrem Examen selbst eine handwerkliche Ausbildung bis zur Optikermeisterin gemacht hatte, besuchte ich das Studienseminar und hielt daneben schon einige Unterrichtsstunden. In diesen Jahren gab es eine große Umstrukturierung in der Lehrerbildung in Hessen: es gab die Neuerung, dass Lehrer für alle Schultypen teilweise gemeinsam und nicht nur fachbezogen ausgebildet wurden. Außerdem mussten wir gruppendynamische Seminare besuchen, die sehr nach der

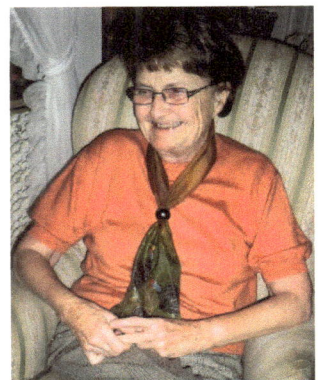

Christa Döge

damaligen linken Politik ausgerichtet waren. Da ich es ja gewohnt war, meinen Mund aufzumachen und meine Meinung zu sagen, wurde ich sehr schnell in die rechte Ecke gestellt. Dazu kam, dass ich älter war als die Kollegen, selbst Kinder hatte und gesiezt wurde. Mein Kontakt zu den älteren

Ausbildern war gut, denn sie waren ungefähr so alt wie Martin! Als ich nach 1,5 Jahren mein 2. Staatsexamen mit einer „Einführung in die kaufmännische Buchführung", die ich ja glücklicherweise nach meinem Abitur in der Handelsschule gelernt hatte, machte, war die Einstellungssituation schon schwierig: man hatte Chancen, wenn man die Note Eins hatte. Ich gab mir viel Mühe und hielt zwei Lehrproben in Buchführung und Politik, dazu kamen die Noten für die Assessorarbeit und ein Verwaltungsgespräch. Das Ergebnis war: zwei Einsen und zwei Zweien, das bedeutete im Durchschnitt 1,5 also aufgerundet eine Zwei und damit keine guten Chancen für eine Einstellung in den Schuldienst. Mein Mentor gab mir zur Kenntnis, dass die zweite Lehrprobe eigentlich auch eine Eins war, „aber wir durften ja nicht!" Diese Aussage befremdete mich und machte mich sehr nachdenklich.

Dann hatte ich aber doch Glück und wurde als Studienrätin z.A., d.h. auf Probe, eingestellt, weil immer noch Berufsschullehrer gebraucht wurden. Die Erfahrungen meiner Referendarzeit wollte ich aber nicht auf sich beruhen lassen. Also versuchte ich, den Hessischen Kultusminister Krollmann über die gemachten Erfahrungen in der Referendarzeit zu informieren. Natürlich war es nicht einfach, den Kultusminister zu treffen. Dann nutzte ich eine Ausstellung, die der Minister eröffnete, um ihn dort einfach anzusprechen. Das gelang mir und ich berichtete ihm meine Erfahrungen im Studienseminar. Er hörte erstaunt zu und sagte dann: „Können Sie mir das schriftlich geben…. ganz ohne Namensnennung?" Ich antwortete: „Sie bekommen das mit vollem Namen und voller Adresse und im Übrigen werde ich meine Freunde Vogel und Rau (die zu der Zeit Kultusminister in Rheinland-Pfalz und Nordrhein-Westfalen waren) darüber unterrichten!" Diesem Wunsch kam ich sehr schnell nach und bekam den Eingang meines Briefes durch seinen persönlichen Referenten bestätigt. Im Ministerium müssen diese Informationen die Runde gemacht haben, denn ich wurde bei einer Veranstaltung von dem Abteilungsleiter für berufliche Bildung auf meinen Bericht angesprochen.

Nach einigen Monaten las ich in der Frankfurter Allgemeinen Zeitung (FAZ) einen Bericht über die derzeitige Lehrerbildung. Da war ich so fasziniert, dass ich zu diesem Artikel einen Leserbrief an die Zeitung schrieb, der unter dem Titel (von der FAZ erfunden) „Note eins für die richtige Einstellung" erschien, mit meinem vollen Namen und dem Zusatz „Studienrätin z.A.", Wiesbaden, erschien, für jeden Kenner deutlich „auf Probe". Ich wurde aus ganz Deutschland angerufen und von dem jeweiligen

Anrufer befragt, ob ich sein Studienseminar meinte. Das verneinte ich, denn ich konnte ja nur über das von mir besuchte Studienseminar sprechen. Aber damit wurde mir klar, dass die Ausbildung in den anderen Bundesländern offensichtlich auch nicht so gut war.

Frankfurter Allgemeine Zeitung (S), 09.05.1978 (Di), Seite 9

Willkür der Seminarleiter

Zu „Die Angst der Lehrer in der Ausbildung" von Werner Zimmermann (F.A.Z. vom 14. April): Diesen begrüßenswerten Artikel möchte ich gern um einige persönliche Erfahrungen in Hessen — einmal aus der eigenen Referendarzeit, die ich vor 2 ½ Jahren (in gesetzterem Alter) abgeschlossen habe, und zum anderen als Mutter von Schulkindern, die durch Referendare unterrichtet werden — erweitern.

Es ist in der Tat so, daß die meisten Referendare Angst haben vor der Willkür der Seminarleiter, wenn sie eine andere als die augenblicklich politisch herrschende Meinung vertreten. Nach meinen Beobachtungen gehört ein erhebliches Maß an persönlicher Unabhängigkeit und Unerschrockenheit dazu, wenn man als Referendar seine Ansichten sachbezogen äußert, ohne die vom Seminar verlangten ideologischen „Schlenker" einzubauen. Ich habe es selbst anhand einer fachlich einwandfreien Lehrprobe erlebt, in welch unqualifizierter und niederschmetternder Form vom Seminarleiter Kritik geübt wurde, die in keiner Weise dazu angetan war, einen Lehramtsanwärter in kollegialer Weise auf seine künftige Aufgabe vorzubereiten. Glücklicherweise hatte ich noch einen Mentor, der seine Aufgabe als geistiger Vater mit einem Lehrauftrag ernst nahm. Ganz sicher habe ich rückblickend für meine heutige Berufstätigkeit bei ihm am meisten gelernt und die größte Unterstützung bei anfänglichen Schwierigkeiten gefunden. Dabei möchte ich darauf hinweisen, daß es sich in keiner Weise um einseitiges Geben und Nehmen handelte, sondern daß wir beide voneinander gelernt haben.

Nach der neuen Ausbildungsverordnung vom 9.3.77 ist die Rolle der Mentoren und der Schulen in einer derartigen Form eingeschränkt, daß die Ausbildung und Notengebung weitgehend bei den Seminaren liegt. Es ist infolgedessen verständlich, wenn auch sehr deprimierend im Hinblick auf die Erziehung unserer Kinder, wenn ein Referendar darauf bedacht ist, entweder seine persönliche Meinung zu verschweigen oder — was für seine Note sicher besser ist — mit den Wölfen zu heulen.

Wenn Sie richtig feststellen, daß der Notendurchschnitt in den letzten Jahren besser geworden ist, dann sollten Sie diese Erkenntnis „hinterfragen": Ganz sicher ist der numerische Wert heute keine Aussage mehr für Qualität. Ich schlage Ihnen vor, einmal zu untersuchen, wieweit die Noten mit der „richtigen" Einstellung des jeweiligen Referendars übereinstimmen.

Für meine Kinder würde ich mir wünschen, mehr fachlich und pädagogisch und menschlich qualifizierte Lehrer in den Schulen zu treffen. Dann brauchten wir uns um unsere Kinder nicht solche Sorgen zu machen. Solange auf diese bereits bei Pestalozzi zu findenden Qualitäten kein Wert gelegt wird, brauchen wir uns nicht zu wundern, wenn die Aggressionen, die Schulunlust und die Schulängste unserer Kinder zunehmen. Dieses sind nur einige kleine Anmerkungen zu dem Kapitel „Referendarausbildung". Wenn Sie an weiteren Informationen interessiert sind, stehe ich Ihnen gerne mit Auskünften zur Verfügung.

Maria von Pawelsz-Wolf,
Studienrätin z. A., Wiesbaden

71

Am 14. Juni 1978 (für mich ein merkbarer Termin, weil er genau 30 Jahre und 1 Monat nach dem ungeklärten Tod meines Vaters war) fand meine Verbeamtungslehrprobe statt: auf Bitten meines Schulleiters hatte ich ein politisches Thema „Die Auswirkungen der 30-Stunden-Woche" gewählt. Die Stunde lief mit Gruppenarbeiten sehr lebendig und der Schulamtsdirektor und mein Schulleiter verließen die Klasse mit den Worten „Machen Sie weiter, es läuft so gut!" pünktlich, weil sie noch eine zweite Lehrprobe begutachten mussten. Als ich dann später zum Abschlussgespräch in das Zimmer des Schulleiters kam, hatte ich den Eindruck, dass der Raum in Flammen aufgegangen wäre, wenn ich ein Streichholz angezündet hätte! Dann machten die beiden Vorgesetzten mich fertig: ich war ja völlig unfähig und so weiter. Zum Schluss musste ich mein miserables Urteil auf Blankoblättern unterschreiben, damit ich das Zeugnis schneller bekommen konnte!

Nach dieser Behandlung wurde ich von meiner Vertrauenslehrerin, Christa Döge, abgeholt, die mir sagte: „wir ahnten das schon!" Am nächsten Tag fuhr ich mit einer Klasse zu einer Studienfahrt nach München und kam erst eine Woche später wieder in die Schule. Dann ging ich zu meinem Schulleiter und fragte ihn, was ich in der Lehrprobe denn falsch gemacht hätte, denn im 2. Examen hatte ich dieselben pädagogischen und didaktischen Entscheidungen getroffen, nur das Thema war ein anderes. Da guckte er mich an und sagte trocken: „Sie hätten den Leserbrief nicht schreiben dürfen, Sie hätten den Dienstweg einhalten müssen!" Darauf antwortete ich: „Ich habe den Kultusminister erst mündlich und dann auf seine Bitte schriftlich über die Zustände im Studienseminar unterrichtet und er hat mir den Eingang meines Briefes durch seinen persönlichen Referenten bestätigen lassen. Ich kann Ihnen gern eine Kopie dieses Briefes mitbringen. Und zu Ihren Gunsten will ich annehmen, dass Sie meine Informationen zum Regierungspräsidenten weitergegeben hätten. Spätestens dort wären sie doch im Papierkorb verschwunden!" Da fing mein Schulleiter an zu zittern und sagte: „Dann hat der Minister den Dienstweg ja auch nicht eingehalten, dann ist die Sache geheilt. Warum haben Sie das denn nicht vorher gesagt?"

Nach dieser Aussage habe ich mich vor seinem Schreibtisch gereckt und sehr deutlich gesagt: „Ich habe es überhaupt nicht nötig, Beamte zu werden! Bei mir steht die Nähmaschine im Keller: ich kann mich sofort selbständig machen!" Das war für mich ein Aha-Erlebnis und ich wusste, wofür ich meine handwerkliche Ausbildung

gemacht hatte: man konnte mich nicht einschüchtern und ich musste nicht klein bei-
geben, denn ich konnte mein Geld auch auf andere Weise verdienen!

Nach einiger Zeit bekam ich dann doch die Nachricht, dass ich verbeamtet wurde und
bekam damit den Titel als Studienrätin. Zu meinem Erstaunen wurde ich seit diesem
Erlebnis immer mit meinem etwas schwierigen Namen richtig angesprochen, obwohl
die jeweiligen Gesprächspartner erklärten, sie sähen mich zum ersten Mal! Irgendetwas muss sich herumgesprochen haben.

Frankfurter Allgemeine Zeitung (S), 17.09.1983 (Sa), Seite 10

Note Eins für die „richtige" Einstellung

Ihre Bemerkungen zur Benotung der Lehramtskandidaten („Betrug nach Noten", F.A.Z. vom 3. September) möchte ich aus eigener Erfahrung noch ergänzen. In einem mir bekannten und von mir selbst besuchten Studienseminar wird die Note Eins in der Regel nicht an die fachlich qualifizierten, sondern an die Lehramtskandidaten mit der „richtigen" Einstellung verteilt. Das führt dazu, daß pädagogisch begabte und kritische Lehrer mit einer eigenen Meinung keine Chance haben, auf eine Eins im Examen und damit zu einer Einstellung in den Schuldienst zu kommen. Dagegen bleiben die Lehrer der Schule und unseren Kindern erhalten, die sich den ideologischen Forderungen eines solchen Seminars angepaßt haben.

Wenn jetzt auf die Zustände in den hessischen Studienseminaren hingewiesen wird, dann kann sich der hessische Kultusminister nicht darauf berufen, von diesen Zuständen nichts gewußt zu haben. Im Februar 1976 habe ich Minister Krollmann zuerst mündlich und auf seine Bitte hin schriftlich über meine Erfahrungen im Seminar unterrichtet. Es änderte sich nichts. Im Mai 1978 habe ich dann in einem Leserbrief an die F.A.Z. wieder auf die Zustände hingewiesen. Abgesehen davon, daß ich persönlich Schwierigkeiten bekam und mir vorgeworfen wurde, ich hätte den

Dienstweg nicht eingehalten, änderte sich wieder nichts. Im September 1980 habe ich auf Vermittlung der damaligen rheinland-pfälzischen Kultusministerin Hanna-Renate Laurien ein Gespräch mit dem zuständigen Staatssekretär im hessischen Kultusministerium, Dr. Vilmar, geführt, um ihn über die Vorfälle in dem mir bekannten Studienseminar zu unterrichten. Von diesem Gespräch ist mir der Ausruf von Dr. Vilmar in Erinnerung: „Um Himmels willen, da kommt ja ein zweites Frankfurter Abendgymnasium auf uns zu! Da müssen wir wohl etwas tun." Bei diesem Ausruf blieb es.

Leider erhalten auch heute die befähigten Lehrer nicht die ihrer fachlichen Qualifikation entsprechenden Noten, sondern gehen mit Examensnoten ab, die einen Eintritt in die Staatsschulen nicht ermöglichen. Da es sich bei diesen Kollegen um qualifizierte und fleißige Leute handelt, haben sie bei einiger Flexibilität noch Chancen außerhalb der Schulen — nur unseren Kindern gehen sie verloren. Die nächsten Examen beginnen in Kürze. Man muß mit Aufmerksamkeit ihre Ausgänge beobachten.
Maria von Pawelsz-Wolf,
Oberstudienrätin,
Wiesbaden-Schierstein

Landtagswahl in Hessen 1982

Im Herbst 1981 begannen die Vorbereitungen für die Landtagswahlen in Hessen im Jahr 1982. Wiesbaden hatte drei Wahlkreise. In meinem Wahlkreis, dem Wahlkreis Wiesbaden III, war der CDU-Landtagsabgeordnete verstorben, so dass man niemanden aus dem Rennen werfen musste. Mit meinen Erfahrungen als CDU- Vorsitzende von Wiesbaden-Schierstein ermunterten mich meine Parteifreunde, für diesen Wahlkreis zu kandidieren. Mit mir gingen noch drei Parteifreunde ins Rennen. Wir mussten mehrere Abende durch die zum Wahlkreis gehörenden Ortsgruppen „tingeln", um uns vorzustellen und Rede und Antwort zu geben. Da wir uns nach Alphabet vorstellten, war ich mit meinem Namen v. Pawelsz immer die letzte. Das war für mich sehr angenehm, denn ich hatte ja gehört, was die anderen gesagt hatten und konnte dann in der Regel auch neue Aussagen machen. Kurz vor Weihnachten fand die Kandidatenkür im Wahlkreis statt. Ein Mann war schon ausgeschieden. Einer von den beiden übrigen kam zu mir und sagte: „Was wollen Sie eigentlich hier? Ich bin's doch schon!" Darauf erwiderte ich locker: „Dasselbe wie Sie!" Im ersten Wahlgang hatte keiner von uns Dreien die absolute Mehrheit, so dass dann zwischen den beiden Erstplatzierten ausgewählt werden musste. Da ging der Dritte in die Bütt und sagte: „Ich möchte meinen Wählern danken und sie bitten, der Frau v. Pawelsz die Stimmen zu übertragen!" Bei meinem Gegenkandidaten brach blankes Entsetzen aus! Das Ende des Abends war, dass ich als gewählte CDU-Kandidatin den Saal verließ!

Am nächsten Morgen konnte ich in der Wiesbadener Tageszeitung lesen: „Da kommt die gebildete Überfliegerin und denkt, sie kann's schon machen!" Es war für die einfachen Gemüter auch ein bisschen viel: Neu – Frau – Akademikerin und adelig! Mein Wahlkreis war ja der absolute Arbeiterwahlkreis rund um ganz Wiesbaden. Dann gab es noch die Landesliste zur Absicherung bei der Wahl: Da gab mir die CDU den Listenplatz 54 von 55 Plätzen. Ich wusste also, dass ich es nur direkt schaffen könnte ohne jede Absicherung. Das bedeutete einen harten Wahlkampf, der von Januar bis September 1982 dauerte.

Maria
von Pawels

CDU
besser für Hessen!

Ab Januar stand ich jeden Samstag und öfter auch mittwochs an den Straßenecken zum Gespräch mit den Bürgern. Zum Erstaunen meiner begleitenden Parteifreunde begrüßten mich auch häufig Menschen aus anderen Parteien! Da machte sich mein Engagement aus den verschiedenen Gremien wie Stadtelternbeirat, Lehrerverband und meiner Schüler und dem Vorsitz im Hessischen Landesfrauenrat bezahlt! Damit hatten meine Parteifreunde, die mir nicht viel zugetraut hatten und eigentlich gegen mich waren, nicht gerechnet. Morgens um fünf Uhr stand ich vor den Werkstoren der Betriebe in meinem Wahlkreis und verteilte Briefe mit Gedanken und Anregungen für die damals beginnende Arbeitslosigkeit auf meinem privaten Briefpapier. Dazu bekam ich ansschließend auch Anrufe von den Arbeitern, die ihre Sorgen schilderten und um Rat fragten. Um acht Uhr war ich dann in der Schule und wurde auch von Schülern begrüßt, die ich gar nicht kannte: „Wir haben Sie heute schon dreimal gesehen und immer haben Sie gelächelt!" Da wusste ich, an wievielen Plakatsäulen mit meinem CDU-Wahlplakat sie vorbeigekommen waren!

Martin fährt mit dem Wahlplakat voraus, ich folge per Rad

Für die Bekannt- machung bezahlte die CDU für jeden Kandidaten eine eigene Wahlkampfzeitung. Ich hatte das große Glück, dass ein Mitarbeiter aus dem Team des ZDF- Magazin Gerhard Löwenthal mir seine Hilfe anbot. Ich schrieb alle Artikel für die Zeitung selbst, die er redigierte.

Als Gag für die Wähler hatten wir uns überlegt, den Wahlkreis in mehreren Etappen abzuradeln. Martin besorgte sich einen Waschmaschinenkarton, den er auf allen vier Seiten mit meinem Wahlplakat beklebte. Er stellte ihn auf sein Autodach, und fuhr vor mir her. Ich hatte dieselbe Bluse und Ohrclips an und folgte ihm mit dem Fahrrad.Hinter mir radelte eine große Meute mit Parteifreunden und Schülern.

Alle Busse, die uns entgegenkamen, hupten laut, so dass die anderen Verkehrsteilnehmer aufmerksam wurden.

Im Sommer bekam ich einen Anruf von Hartmann von der Tann, einem Reporter vom SWR, mit der Frage, ob er mich eine Woche im Wahlkampf begleiten dürfte. Auf meine Frage, wie er dazu käme, antwortete er: „Dregger ist uns zu langweilig und wir haben gehört, dass dieser bis dahin immer von der SPD gehaltene Wahlkreis voraussichtlich kippt!" Das hatte sich bis Baden-Baden herumgesprochen! Wir traten dann gemeinsam mit dem SPD-Kandidaten an allen Ecken und Kirmes- Veranstaltungen auf. Beim Abschlussgespräch nach dieser Woche sagte er mir: „Wenn nichts mehr passiert, haben Sie die Wahl gewonnen, der SPD-Kandidat hat längst aufgegeben!"

Die Kandidatin, der Stellvertreter Erhard Niedenthal, Dr. Erika Wolf, Ministerpräsident

Dr. Bernhard Vogel

Dann gab es kurz vor der Hessischen Landtagswahl die Bundestagswahl, nach der Helmut Schmidt von Helmut Kohl abgelöst wurde. Viele Wähler waren traurig und kühlten ihr Mütchen bei der Hessenwahl: Mein SPD-Gegenkandidat hatte 2 % mehr Stimmen als ich….. Damit war mein Weg in den Landtag beendet! Da unser CDU-Bundestagsabgeordneter Oberbürgermeister von Wiesbaden wurde, wurde mir als „Trost" sein Wiesbadener Mandat angeboten. Das habe ich abgelehnt, weil ich ja vorhatte, nach meinen Erfahrungen in der Lehrerbildung etwas zu verändern – und Bildungspolitik ist Landespolitik. Ich glaube, die CDU hat meine Beweggründe nie verstanden! Für mich stand die Glaubwürdigkeit an erster Stelle und nicht eine parteipolitische Karriere!

Da es voraussehbar war, dass sehr bald eine neue Landtagswahl stattfinden würde, ar-beitete ich in meinem Wahlkreis weiter, als wäre ich Abgeordnete geworden. Tatsäch-lich kam die nächste Landtagswahl im Frühjahr 1983: Dazu hatte die CDU ihre Satzungen geändert: plötzlich durften alle Wiesbadener CDU-Delegierten gemeinsam die drei Kandidaten für die nächste Land-tagswahl wählen und nicht nur die

Manfred Kanther, Generalsekretär der CDU Hessen

jeweiligen Delegierten der einzelnen Wahlkreise wie bei meiner ersten Kandidaten-kür. Da konnte ich eines Tages in der Wiesbadener Zeitung lesen, dass der Fraktions-vorsitzende der CDU-Stadtverordnetenfraktion nun als Kandidat für den Wahlkreis Wiesbaden III kandidieren wollte. Bei der Kandidatenwahl gab es dann ein „Hauen und Stechen", indem die Delegierten des WK III damit drohten, dass sie ein Parteiverfahren anstoßen würden, wenn ihre alte Kandidatin nicht wiedergewählt würde. Aber natürlich kannte die Gesamtpartei den Fraktionsvorsitzenden besser als mich und so wurde er dann gewählt! Der Abstand zwischen dem SPD-Kandidaten und dem neuen CDU-Kandidaten war bei der Folgewahl zum Nachteil der CDU in die Höhe geschnellt!! Das Parteiverfahren fand statt und wurde nach drei Jahren ent-schieden: die Delegierten des Wahlkreises III hatten gewonnen! Aber für mich war dieser Schritt in die handelnde Politik in Hessen trotzdem beendet!

Berufslaufbahn

meine Versicherungsfachklasse

Meine Kinder waren froh, dass ich nicht in den Landtag gewählt war und meine Schüler freuten sich, dass dieser Ausflug in die Politik, an dem sie ja teilgenommen hatten, beendet war! Ich konnte mich nun wieder voll auf den Beruf konzentrieren.

Aber es ergab sich eine erstaunliche Folge meiner Wahlkampfarbeit: eines Tages sprach mich der Schulleiter meiner Nachbar-Berufsschule an und erklärte mir, dass er sich pensionieren lassen wollte, weil er krebskrank war. Er wollte seine Schule in gute Hände geben und dachte an mich, weil er im Wahlkampf beobachtet hatte, dass ich arbeiten und Menschen motivieren könne. Diesem Wunsch bin ich dann gefolgt und bewarb mich um seine Nachfolge. Lange Zeit sah es sehr gut aus, bis kurz vor 12 ein Kollege „eingeflogen" kam, der dann ausgewählt wurde nach der Überprüfung durch den Schulamtsdirektor, der mir bei der Verbeamtungslehrprobe ja schon so übel mitgespielt hatte.

Bei den nächsten Bewerbungen, zu denen ich einmal sogar von der damaligen SPD-Staatssekretärin im Kultusministerium aufgefordert war, passierte es immer wieder, dass ich mich mit guten Aussichten bewarb und nach der Überprüfung nicht ausgewählt wurde. Nach der Erkenntnis, dass mein Weg wohl anders sein müsste, habe ich mich dann voll auf meine Arbeit mit den Schülern in der Berufsschule konzentriert. Der Unterricht mit vielen Herausforderungen machte mir Freude, denn ich hatte ja meine Erzieher für den Umgang mit Schülern zu Hause durch meine Kinder, die sich ständig über ihre Lehrer beklagten und mir drohten: „Das machst Du hoffentlich nicht so wie unsere Lehrer!"

Der Unterricht bei den Postjungboten war besonders unbeliebt bei meinen Kollegen, weil sie sich unterfordert fühlten, mit Hauptschülern zu arbeiten. Für mich war es eine Herausforderung, jeden einzelnen Schüler anzusprechen und da abzuholen, wo er gerade stand. Kurz vor Weihnachten wollten wir eine Weihnachtsfeier machen, bei der „gewichtelt" werden sollte. Jeder von uns steckte einen Zettel mit seinem Namen – auch ich – in einen Kasten und anschließend zog man einen Namen von demjenigen, der beschenkt werden sollte. Wir hatten uns auf Geschenke im Wert von 5,- DM ge-einigt. Als der Tag der Weihnachtsfeier kam, wurden alle Geschenke in einen Sack gelegt. Vor der Verteilung hatten die Schüler sich noch etwas Besonderes überlegt: sie hatten Geld gesammelt, um mir ein gemeinsames Geschenk zu machen: ich bekam eine Cromargan-Kuchenplatte, von der sie meinten, sie passte in meinen Haushalt! Mich hat diese Aktion unglaublich berührt, weil die Schüler sich Gedanken gemacht hatten, womit sie mir eine Freude machen könnten. Ich besitze die Platte bis heute!

Eine andere vorweihnachtliche Aktion ist mir noch in bleibender Erinnerung: In den letzten Stunden vor den Weihnachtsferien wurden immer irgendwelche Spiele ge-macht, weil die Schüler keine Lust mehr auf den regulären Unterricht hatten. Für diesen Tag hatte ich mir ein neues Spiel ausgedacht: Ich hatte jeweils 5 Begriffe wahllos aus dem Duden zusammengesucht und auf einen Zettel geschrieben. Dann durfte jeder Schüler sich ein Begriffspaket wählen: sie mussten sich aus den vorliegenden Begriffen eine kurze Geschichte ausdenken, die sie dann auf Abruf vortragen sollten. Eine Schülerin, die sich eigentlich nie meldete und meist teilnahmslos wirkte, wollte unbedingt als Erste ihre Geschichte vortragen: Sie hatte aus diesen willkürlich zusammengeschriebenen Begriffen in kurzer Zeit ihre schreckliche Lebensgeschichte vor uns richtig „ausgekotzt"! Alle Klassenkameraden und ich hatten atemlos zugehört. Ich habe mich bedankt und die Aussagen nicht kommentiert. So kann man durch Zufall auch Erfahrungen mit Schülern machen.

Ich erinnere mich an eine Steuerfachklasse, in der Hauptschüler, Realschüler, eine Referendarschulreferendarin und ein fertiger Deutschlehrer saßen, die ich in Deutsch unterrichten sollte. Ich hatte gerade einmal Deutschunterricht bis zum Abitur genossen. In Anbetracht dieser Lage fragte ich meine beiden Lehrer-Schüler, ob wir den Unterricht gemeinsam gestalten könnten. Dem stimmten sie mit Vergnügen zu! Ansonsten habe ich meine Schüler immer aufgefordert, mich an ihren betrieblichen Erfahrungen im Versicherungsbereich teilhaben zu lassen, denn ich musste diese Kenntnisse ja auch erst einmal erwerben, weil ich das Fach nicht studiert hatte. Sie waren milde mit mir und ich konnte ihre Ausführungen dankbar annehmen und zu meinen Unterrichtsvorbereitungen für die Folgezeit mitnehmen!

Steuerfachklasse nach einer Wanderung in unserem Garten

An den Wandertagen, die wir auch ab und zu durchführten, hatte ich mir angewöhnt, alle teilnehmenden Schüler zum Abschluss in unseren Garten einzuladen. Sie waren eingeladen zu Getränken und Knabbereien und Gesprächen. Dadurch konnten sie mich außerhalb der Schule kennenlernen. Ich hatte jedes Mal den Eindruck, dass es ihnen Vergnügen machte, ihre Lehrerin in einem anderen Umfeld zu erleben. Einige Schüler und Schülerinnen besuchten auch unsere Kunstausstellungen und waren enttäuscht, dass wir im Jahr 1992 unsere letzte Aktion „Kunst im Garten" veranstaltet hatten. Ich war erstaunt und erfreut, wie sich dieses Engagement von uns in den Ausbildungsbetrieben herumgesprochen hatte.

Im Gegensatz zu vielen Kollegen habe ich nach Rücksprache mit der Schulleitung auch Fachleute von außen in meinen Unterricht eingeladen, die für die Schüler interessant waren. Auch in politischer Bildung konnte ich den Schülern einiges

mitgeben, indem ich Zeitzeugen zum Gespräch bat oder bei der nächsten Landtagswahl auch eine Diskussionsrunde mit den Kandidaten aller Parteien organisierte.
Damit waren die Schüler aufgeschlossener für die Politik und konnten in ihre Verantwortung als Wähler hineinwachsen.

Erfahrungen in Indien

Die Schule machte mir Freude, aber manchmal stellte ich fest, dass die Zusammenarbeit mit den Kollegen nicht so einfach war, weil ich etwas andere Wege einschlug,
als sie es gewohnt waren. Eines Tages kam meine jüdische Freundin Gerti Meyer-
Jörgensen, die mir von ihren Erfahrungen mit einem indischen Heiligen erzählte und
mein Interesse geweckt hatte, zu mir in die Schule und sagte mir: „Ich habe eine
Flugkarte nach Indien für Dich gebucht!" Ich fiel aus allen Wolken und sagte ihr: „Ich
habe mich um eine Schulleitung beworben, da kann ich nicht nach Indien fliegen!" Da
ich nichts unterschrieben hatte, blieb ich ganz ruhig und verkündete: „Entweder ich
werde Schulleiterin oder ich fahre nach Indien!" ------- Ich fuhr nach Indien.

Gerti hatte mir von Sai Baba, einem Avatar (ein Heiliger) in Indien erzählt, der neben
seinem Ashram in Puttaparthi ein voll funktionierendes Schulsystem von der
Grundschule bis zur Universität aufgebaut hatte. Mich interessierte die Arbeit in der
Schule sehr, weil ich etwas für meinen Beruf lernen wollte, während Gerti auf der
Glaubenssuche dort war und erstaunliche Erfahrungen gemacht hatte.

Gerti hatte noch eine aufregende Erfahrung mit Sai Baba gemacht: Nachdem er sie in
seinen Tempel mit anderen Gästen eingeladen hatte, sprach er sie mit folgenden
Worten an: „Es war gut damals, nicht wahr?" Gerti guckte ihn mit großen Augen an
und erkannte plötzlich den dunkelhäutigen jungen Mann in ihm, der ihr in Berlin auf
ihrer Flucht aus Deutschland nach Shanghai 1940 das Transit-Visum durch die
Sowjetunion besorgt hatte. Ohne dieses Visum hätte sie Deutschland nicht verlassen
können und wäre ins KZ gekommen. Da der sowjetische Konsul in diesen Tagen nicht
visierte, war sie dankbar für diese Hilfe, durch die ihr Leben gerettet wurde. Für
mich hörte sich das nach einem Wunder an. Nun war ich noch mehr interessiert
daran, diesen Mann in seinem Umfeld kennen zu lernen und seine heutige Arbeit zu
betrachten.

Besuchergruppe aus Wiesbaden

darunter Paul Meyer und Familie Schaeffer

Nach genauer Vorbereitung für vorgeschriebene keusche Kleidung und Gegenstände, die wir mitnehmen sollten, flogen wir in den Sommerferien in einer kleinen Gruppe über Bombay nach Bangalore und fuhren dann mit einem Taxi ins Innere der Provinz Andhra Pradesh nach Puttaparthi, in den Ashram von Sai Baba. Mit einer Begleiterin landete ich im Frauenzelt, in dem viele Frauen mit ihren Sachen auf ihren aus Deutschland mitgebrachten Gummimatratzen sehr nah nebeneinander schliefen. Mir war diese Enge schrecklich, aber ich hatte mir vor der Reise vorgenommen, alles so zu ertragen, wie es mir entgegenkam! Da geschah schon das erste „Wunder": Gerti, die mit ihrem Mann im Familienzelt untergebracht war,

kam ganz aufgeregt an und sagte: „Ich habe einen Raum für Euch in einem Rundbau!" Wir nahmen also unsere Sachen und die Matratzen und gingen zu dem Rundbau: Nach den ersten Erfahrungen hatten wir den Eindruck, wir gehen ins Hilton Hotel: ein Raum mit blankem Estrich, auf den wir die Luftmatratzen legten. Über uns eine Wäscheleine, die als Kleiderschrank diente und daneben ein Raum ohne Tür mit einem WC und einem Wasserhahn, für den wir vorsichtshalber einen Wasserschlauch mit Schraubverschluss mitgebracht hatten. Dieser Schlauch diente uns als Dusche und ermöglichte die Spülung im WC. Außerdem gab es einen Elektrostecker, an dem wir unser kleines Radio und den Tauchsieder für heißes Wasser anschließen konnten. Außer uns beiden lag nur noch eine Amerikanerin in dem Raum, die uns viel berichtete, denn sie war schon eine Weile dort.

Es gab strenge Vorschriften in dem Ashram: Überall musste man sich anstellen und geduldig warten, bis man drankam. Die Ernährung fand in einem großen Esssaal -getrennt nach Männern und Frauen- statt, und man bezahlte mit vorher erworbenen Marken. Der Tag war eingeteilt in Morgenandachten, Frühstück, diverse Vorträge,

Treffen mit Sai Baba in seinem Tempelbereich, Ruhezeiten und Vorträgen und Meditationen.

Mich interessierte besonders ein Gebiet: Das Leben nach den fünf menschlichen Werten „Wahrheit, rechtes Handeln, Friede, Liebe und Gewaltlosigkeit" auszurichten. Ich hatte gehört, dass der Professor, der darüber geschrieben hatte, gerade auch im Ashram anwesend war. Durch Vermittlung eines anderen deutschen Gastes hatte ich die Möglichkeit, ihn zu treffen. Am Tag vor diesem angekündigten Gespräch bekam ich plötzlich hohes Fieber und ein heißes Bein. Besorgt ging ich auf Socken zur Krankenstation außerhalb des Ashram und bekam dort nach langem Warten verschiedene Tabletten in Zeitungspapier eingewickelt in die Hand. Dann schlich ich zurück zu meiner Gummimatratze und schlief mit meinem hohen Fieber ein. Gerti besuchte mich und machte mir Tee. Auf meine Sorge, dass ich am nächsten Tag doch das Gespräch mit dem Professor haben sollte, sagte sie nur: „Bleib ruhig, so wie es kommt, ist es richtig!" In der Nacht hatte ich das Gefühl, dass in meinem Inneren ganz viel von meinem Ehrgeiz durch das hohe Fieber weggebrannt war. Am nächsten Morgen konnte ich - noch etwas wackelig - zu dem Gespräch gehen.

Mein Interesse an der Ausbildung der Jugend führte mich auch zum Kanzler der dortigen Universität. Da der Kanzler bei meinem ersten Besuch keine Zeit für mich hatte, fragte er nach meinen Interessen und lud mich für den nächsten Tag ein. Zu meinem großen Erstaunen war er am nächsten Tag sehr gut vorbereitet auf das Gespräch mit mir (als einer Mrs Nobody) und verglich die Ausbildung an der Universität in Puttaparthi mit der Ausbildung in den deutschen und chinesischen Universitäten. Den Professoren in Puttaparthi war besonders die Ausbildung im mitmenschlichen Bereich und nicht nur in der Wissenschaft wichtig! Gut situierte Eltern versuchten, für ihre Kinder einen Studienplatz in Puttaparthi zu bekommen, weil diese Universität einen besonders guten Ruf genoss.

Die Schüler und Studenten kamen auch immer zu Vorträgen und Gesängen in den Ashram. Sie waren sehr wohlerzogen und höflich.

Sai Baba

Jeden Tag hielt Sai Baba auf dem großen Platz vor seinem Tempel für alle Besucher, streng getrennt nach Männern in weißen Baumwollanzügen und Frauen auf der anderen Seite in farbigen Sahris, eine Ansprache. Besonders wichtig war ihm der Satz: „Es gibt nur einen Gott, aber es gibt verschiedene Wege zu ihm. Und ich möchte Euch helfen, dass jeder **seinen** Weg findet!" Kurz vor meiner Abreise konnte ich ihn bei einer solchen Veranstaltung ansprechen und bat ihn um seinen Segen. Er guckte mich an und sagte: „I`ll see!"

Um Mitternacht starteten 10 Taxis mit Besuchern nach Bangalore. Es war eine gespenstische Fahrt, weil am Rand der Straße schlafende Menschen neben von Ochsen gezogenen Karren mit Wackersteinen lagen. Als ich in Bangalore noch einen Einkauf machte, sprach mich ein Kashmiri freundlich an und sagte: „Es war gut heute Nacht, nicht wahr?! Baba hat uns – bewaffnet mit Stöcken um den Bauch mitgeschickt, um Euch im Notfall zu beschützen!"

Erst als ich wieder in Wiesbaden war, habe ich in der FAZ gelesen, was passiert war: In der Provinz Andra Pradesh war ein Bürgerkrieg ausgebrochen, weil Indira Ghandi den beliebten Moslem-Ministerpräsidenten abgelöst hatte. Wir waren für drei Wochen die letzte Gruppe von Europäern, die den Ashram verlassen konnte. Da wusste ich, dass ich gesegnet war!

Als ich wieder zu Hause war, hörten Martin und Gerd meinen Schilderungen sehr genau zu und waren erstaunt, was ich erlebt hatte.

Martin hatte mich nach meiner ersten Indienreise gebeten, an einem Johanniter- Subkommende-Abend über meine Erfahrungen in Indien zu berichten, weil ihm ein vorgesehener Referent ausgefallen war. Dazu war ich bereit und erzählte den Johannitern und ihren Frauen von meinen Eindrücken. Besonders die Pfarrer waren ganz aufgeregt und meinten, diese Erfahrungen hätte ich doch auch in Deutschland machen können. „Man hat den Eindruck, Sie waren mindestens ein halbes Jahr in Indien." Darauf erwiderte ich: „Hier ist meine Flugkarte, ich war nur 10 Tage weg, ... Aber ich war 10 Tage aus der Welt! Und im Übrigen bin ich in meiner christlichen Religion bestärkt zurückgekehrt!" Es war ein spannender Abend mit einer langen Diskussion!

Im folgenden Frühjahr fuhr ich zu einer Weltkonferenz der Gruppe „Education in human values" nach London. Es war eine unglaublich gut organisierte Veranstaltung, alles war „just in time". Es gab verschiedene Vorträge zu Fragen der Erziehung und den „menschlichen Werten" und Meditationen und handwerkliche Vorschläge. Ich war so fasziniert von all diesen neuen Erfahrungen, dass ich meinen Schülern nach den Osterferien davon berichtete. Die Schüler waren ganz fasziniert und baten mich, mehr zu erzählen. Den Schulstoff könnten sie sich allein ansehen! Bei dieser Konferenz habe ich gelernt, wie man Tagungen vorbereitet und abhält!

In den Sommerferien war ich noch einmal in Puttaparthi und traf dort den schwarzen Leiter der Londoner Konferenz, einen Londoner Grundschullehrer. Im Gespräch mit ihm sagte ich ihm, dass ich in meiner Schule gern etwas verändern würde. Da antwortete er mir ganz ruhig: „Du weißt, dass Baba immer sagt: „wait, wait, wait!" Irgendwann wird Dir jemand geschickt und dann geht es weiter." - So ist es mir dann auch ergangen: Mein späterer Schulleiter hat mich in all meinen späteren Aktivitäten wunderbar unterstützt.

Alles, was ich in Indien und bei der Tagung in London gelernt hatte, konnte ich im Umgang mit meinen Schülern gut umsetzen. Die Arbeit mit den vielen Schülern mit einer unterschiedlichen Vorbildung waren eine große Herausforderung und machten mir bis zu meiner Pensionierung viel Freude.

Hilfe für die Ukraine

Nach der Wende 1990 sprachen meine Versicherungsschüler mich an und sagten mir, dass sie gerne Menschen im Osten helfen wollten. Aber sie wollten auf keinen Fall Geld geben, das dann nach dem Motto „ein Herz für Russland" irgendwo hingehen sollte und dass man den Verbleib nicht nachvollziehen konnte. Sie sagten zu mir: „Sie kennen doch überall in der Welt Menschen, dann werden Sie doch im Osten auch sicher jemanden kennen!" Und das stimmte: 1976 war eine Gruppe von Deutschlehrern aus der Ukraine in Deutschland von der Friedrich Ebert Stiftung eingeladen. Und sie kamen bei diesem Besuch auch nach Wiesbaden und besuchten verschiedene Schulen.

Eines Tages kam ich ins Lehrerzimmer, wo gerade vieles umgeräumt wurde und wunderte mich, was dort passierte. Dann wurde mir erklärt: „Heute Nachmittag kommen die Russen!" Und keiner hatte Lust dazu. Da fragte ich, ob ich vielleicht dazu kommen dürfte. „Naja, wenn Sie nichts Besseres zu tun haben!" Also bin ich nach Hause gefahren und habe zu Hause alles geordnet und bin dann in die Schule gegangen. Da stand ich am Eingang zum Lehrerzimmer, als die Gruppe ankam. Mir kam etwas aus meinem Bauch hoch: ich hatte ja in der fünften Klasse in Potsdam Russisch gelernt und nun stand ich dort und begrüßte jeden einzelnen mit dem Wort „Sdrastwutje", das heißt „guten Tag". Sie guckten erstaunt und freuten sich. Dann gab es Kaffee und Kuchen. Offiziell waren der Stadtrat, der Schulleiter und sein Stellvertreter und ein Mann, der das Mondprogramm auf dem Computer vorführen konnte, dabei. Wir tranken Kaffee und die Lehrer waren ein bisschen enttäuscht, dass so wenige Kollegen anwesend waren. Ich unterhielt mich mit dem Studenten, der für die Ukrainer dolmetschte, und fragte ihn, warum nicht mehr deutsche Lehrer dabei waren. Da sagte er mir: „Ach, ich glaube, das ist gar nicht gewollt!" dann ließ ich mir einmal die Liste von den ukrainischen Gästen geben. Ich habe sie ganz schnell beim Kaffee Holen fotokopiert und ihm wieder zurückgegeben. Danach haben wir dann einen Rundgang durch die Schule gemacht. Dabei habe ich mich ein bisschen aufmüpfig benommen. Das erstaunte die Ukrainer, so dass sie mich fragten, ob ich nicht abends zu ihnen zum Abendessen ins Hotel kommen könnte. Und ich erklärte ihnen, dass ich nicht wüßte, ob das ging, denn ich hätte ja 3 Kinder zu Hause und müsste erstmal gucken, was zu Hause los war. Als ich dann zu Hause ankam und meinem Mann davon erzählte, sagte er mir: „Ich versorge die Kinder und geh du auf jeden Fall dahin!" Also fuhr ich dorthin und traf die Ukrainer beim Abendessen im Hotel. Sie beschenkten mich mit lauter Kleinigkeiten und anschließend sollten sie ins „Big Apple", in ein superedles Etablissement, gehen. Sie luden mich auch dazu ein. Eigentlich musste ich nach Hause, weil ich ja am nächsten Tag Unterricht hatte. Aber dann entschied ich mich, mit dem Auto dorthin zu fahren. Ich bot an, auch jemanden mitzunehmen, aber keiner von den Ukrainern wollte in mein Auto steigen bis auf den Leiter der Friedrich-Ebert-Stiftung. Wir fuhren also in dieses superfeine Lokal, in das ich normalerweise niemals gegangen wäre, und wurden dort mit viel Wodka begrüßt und legten „eine flotte Sohle" aufs Parkett. Ich bin dort bis 12 Uhr nachts geblieben und habe mich mit ihnen amüsiert. Zum Schluss baten sie mich, am nächsten Tag doch wiederzukommen zum Mittagessen.

Am nächsten Morgen kam ich in der Schule an und traf auf meinem Schulleiter, der mich interessiert fragte: „Wie war's denn gestern Abend?" Ich habe ihm erzählt, dass sie sehr nett und freundlich waren und mich eingeladen hatten, mittags doch wieder zu der Gruppe zu kommen. Aber wenn ich das tun würde, müsste ich meinen Unterricht früher beenden, denn ich müsste etwas einkaufen, weil sie mir viel geschenkt hatten und ich wollte ihnen gern auch etwas schenken, z.B. Bleistifte und Buntstifte und Kulis und Gummibärchen und Kaugummi usw.

Mein Schulleiter genehmigte das und ich traf im Hotel auf verschiedene andere Kollegen aus den Schulen, die sie am Morgen besucht hatten. Die Ukrainer kamen die Treppe runtergestürmt und begrüßten mich freudig: „Ach Frau Maria, wie schön, dass Sie wieder da sind!" Das erstaunte die Kollegen. Sie konnten sich daraus keinen Reim machen. Beim Mittagessen erzählte der Leiter der Friedrich-Ebert-Stiftung, dass sie am Nachmittag eigentlich eine Jugendstrafanstalt besuchen wollten, aber man habe ihn wissen lassen, es sei kein Interesse daran, denn so etwas gäbe es in der Sowjetunion nicht! Nun war er etwas ratlos über die Gestaltung des Nachmittags. Ich machte ihm den Vorschlag, dass er doch eine Stadtrundfahrt machen sollte und zum Schluss würde ich sie alle zu mir nach Hause zum Umtrunk einladen Das wurde sofort beklatscht und ich wurde gebeten, doch an der Stadtrundfahrt teilzunehmen.

Aber nun wusste ich ja, dass zuhause alles unordentlich war und ich musste auch erstmal etwas einkaufen, damit ich Saft und kleine Knabbereien anbieten konnte. Ich fuhr also nach Hause, um oberflächlich etwas Ordnung im Wohnzimmer zu machen. Dann fuhr ich wieder mit einem Taxi zurück und nahm an der Stadtrundfahrt teil. Zum Schluss zeigte ich Ihnen unsere Umgebung: den Kindergarten, unsere Kirche und dann die vielen privaten Häuser und sagte ihnen: „Sie kommen gleich in ein solches!" Dann hielt der Bus vor unserem Haus und es ergossen sich 30 Ukrainer und 5 deutsche Begleiter in unser Haus. Sie waren sehr erstaunt, das alles zu erleben.

Meinem Mann hatte ich einen Zettel auf den Schreibtisch gelegt: „die Russen kommen um 17:00 Uhr!" Das hatte er gelesen und nach seinen schlimmen Erfahrungen mit Russen hatte er beschlossen, sich erstmal ins Bett zurückzuziehen. Als er dann hörte, dass wir da waren, kam er doch und sofort stand ein Aufpasser hinter ihm, um genau zu hören, was er sagte. Neben ihm stand eine Dame als Dolmetscherin der Friedrich-Ebert-Stiftung, die ihm anbot, alles zu übersetzen, was er gerne sagen wollte, so dass es zu einem Gespräch kam. Die vielen Besucher fragten mich: „Wie machen Sie das denn alles: Wir haben Sie engagiert in der Schule erlebt und nun haben Sie hier zu Hause 3 Kinder und das Haus?" Darauf antwortete ich ihnen: „Kommen Sie mal mit, ich zeige Ihnen Alles in unserem Haus." In der Küche erklärte ich, wie ich morgens um 6 Uhr aufstand und das Essen vorkochte, um es dann in den Backofen zu schieben, damit es zur Mittagszeit pünktlich fertig war. Dann gingen wir weiter in alle Zimmer: spätestens im ersten Schlafzimmer merkten sie, dass nichts vorbereitet war, weil alles etwas unordentlich war, und so gingen wir durchs ganze Haus. Sie sahen im Zimmer meines Sohnes eine Gitarre und im Zimmer der Tochter eine Flöte und betrachteten alles mit Interesse und folgten mir bis in die Waschküche und in den Heizungskeller und so weiter. Dann ging das Gespräch oben im Wohnzimmer weiter: Sie bewunderten unsere Musikanlage und den Fernsehapparat. Die Dolmetscherin sagte mir, dass sie mich einladen wollten, abends mit ihnen zusammen ins Theater zu gehen. Das musste ich ablehnen, weil ich am Abend einer politischen Veranstaltung nachkommen musste, denn ich war Mitglied im Ortsbeirat und musste dorthin, aber mein Mann konnte sie begleiten. Ihm sagte die Dolmetscherin, dass der Besuch in unserem Haus das größte Erlebnis von der ganzen Reise gewesen wäre, denn sie hätten zum ersten Mal etwas erlebt, was nicht vorbereitet war und konnten sich ein besseres Bild machen, wie es bei uns in Deutschland zuging.

14 Tage nach diesem Besuch erhielt ich einen Brief von Michael Pustowit, dem Dolmetscher von ukrainischer Seite, in dem er sich noch einmal bedankte für den wunderbaren Besuch in unserem Hause, denn *„obwohl der Tag eine düsterer regnerischer Tag war, so haben wir ihn doch in heller Erinnerung"*, und er bedankte sich noch einmal schriftlich. Daraus entwickelte sich ein langjähriger im Briefwechsel, bei dem wir uns 3-4 mal im Jahr geschrieben haben. Er kam noch mehrmals nach Deutschland und ich habe ihn dann auch getroffen. Manchmal unter merkwürdigen Bedingungen: dann musste ich im Hotel in Köln anrufen und das durfte aber keiner wissen. Ein andermal

sollte ich ihn am Flughafen in Frankfurt treffen und auch das war nicht ganz einfach, aber jedenfalls haben wir Briefe gewechselt und immer wieder pädagogische Erfahrungen ausgetauscht.

Auf die Bitte meiner Schüler habe ich dann im Herbst 1990 an Michael Pustowit geschrieben und ihn gebeten, dass er mir doch Adressen von armen Menschen in seiner Heimat schicken sollte, damit wir ihnen mit einem Paket eine Freude machen könnten. Das dauerte von November bis März: da bekam ich nun endlich einen Brief mit 15 Adressen, die ich anschließend verteilt habe, damit die Menschen, die eine Adresse hatten, auch ein Paket schicken konnten. Ich habe ein dickes Paket geschickt und niemals eine Antwort darauf bekommen; ein Kollege von mir hat auch ein Paket geschickt und darauf eine Antwort bekommen, die sehr rührend war. Er kam zu mir und sagte: „Meine Frau und ich haben beschlossen, dass wir gleich wieder etwas schicken wollen." Aber da sagte ich ganz spontan: „Ach, warten sie mal, das ziehen wir vielleicht ein bisschen anders auf!" Ich rief eine Journalistin bei der Zeitung WIESBADENER KURIER an, die mich von meiner politischen Arbeit kannte und erzählte von dem Vorhaben der Hilfe für Menschen in Not. Da sagte sie: „Wir haben hier gerade eine gespendete Palette Spaghetti. Wollen Sie die auch mitnehmen?" Ich antwortete: „Natürlich wollen wir die mitnehmen, aber wissen Sie, die Menschen brauchen auch Zahnpasta!" Dann stand ein ausführlicher Artikel im Wiesbadener Kurier „Zahnpasta und Spaghetti für die Ukraine".

Mit dieser Bitte meiner Schüler, für sie direkte Ansprechpartner für eine tätige Hilfe für notleidende Menschen im Osten Europas zu benennen, begann eine langjährige Hilfsarbeit für die Menschen in der wunderschönen Stadt Kamenez- Podolski in der Ukraine, von der ich noch nichts wusste.

Für mich ist es wichtig, konzentriert zu arbeiten und sich nicht zu verzetteln, damit eine Hilfe besser erkennbar ist und damit ein Ausgangspunkt für eine Nachahmung in anderen Gebieten sein kann. Die Spender können aufgrund von Berichten und Fotos den Einsatz besser nachvollziehen. Durch die vielen Dankesbriefe und Zeitungsartikel, die darüber berichteten, meldeten sich immer neue spendenfreudige Menschen, die ihre Hilfe anboten.

Burganlage in Kamenez-Podolski

Aktive Hilfe für die Stadt Kamenez-Podolski

Im Oktober 1991 kam es zu einer großen Sammelaktion nach dem Artikel im Wiesbadener Kurier und einem Aufruf aus dem Frauenfunk des Hessischen Rundfunks. Alle Spender fragten mich, ob denn die Sachen noch zu Weihnachten in die Ukraine kämen. Das beantworte ich immer mit Ja, denn ich wusste ja, dass in der Ukraine Weihnachten erst im Januar gefeiert wurde. Allerdings war mir noch gar nicht klar, wie die Sachen in die Ukraine kommen sollten. Da kam ein Johanniterbruder von meinem Mann zu mir und bot mir an, als Chef von Kühne & Nagel einen Sattelschlepper zur Verfügung zu stellen. Mir wurde der Rat gegeben, auf jeden Fall eine Begleitung mitzuschicken, damit man wusste, dass alle Spenden in der Ukraine angekommen seien. Ich selbst konnte nicht mitfahren, weil zu der Zeit, als der Transport losfahren sollte, meine Schüler ihre Prüfung machen mussten und ich Prüfungsausschussvorsitzende war. Ich konnte sie nicht einfach im Stich lassen. Also suchte ich 2 Begleiter und fand ein Mitglied der Stadtverwaltung und einen Kollegen aus der Nachbarschule, die bereit waren mitzufahren. Sie durften allerdings nicht im Sattelschlepper selbst befördert werden. Sie mussten mit einem eigenen Begleitfahrzeug fahren. Die beiden Herren kamen zu mir und erklärten mir, dass ihre

Autos von den Ehefrauen gebraucht wurden. Also musste ich mich auf die Suche nach einem Begleitwagen in ganz Wiesbaden machen. Dabei hatte ich große Schwierigkeiten. Aber nach einem Anruf bei den Opelwerken wurde mir ein Opel- Astra - damals eine ganz neue Marke - für die Fahrt zur Verfügung gestellt und die ausbildende R + + V-Versicherung – die Ausbildungsfirma meiner Schüler - übernahm die gesamte Versicherung für die Fahrt. Dann gab es noch ein weiteres Problem: eine Jura- Professorin riet mir, ich müsste auf jeden Fall die Männer unterschreiben lassen, dass sie die Fahrt auf eigene Verantwortung machen würden, denn falls etwas passieren würde, müsste ich sonst mein Leben lang dafür zahlen.

Schüler haben den 1. LKW beladen links ein Begleiter des 1. Transportes

Nach der Rückkehr der beiden Begleiter erzählten sie, dass die Menschen in Kamenez-Podolski zuerst nichts aus Deutschland annehmen wollten. Das verwunderte sie sehr, denn es ging ihnen sehr schlecht. Aber dann haben sie doch alles dankbar ausgepackt und in der Schule Nr. 1 gelagert, in der Michael Pustowit als Abteilungsleiter für Deutsch unterrichtete.

Aufgrund der Schilderung unserer beiden Transportbegleiter haben wir uns entschlossen, sofort eine neue Sammelaktion zur Hilfe für die notleidenden Bürger zu starten. Die Spendenfreudigkeit der Wiesbadener Bürger war ungewöhnlich groß, so dass wieder ein 16 t Sattelschlepper gemietet werden musste. Ende Februar / Anfang März 1992 wurde der zweite Transport von 4 jungen Männern im Alter von 20 bis 28 Jahren und mir begleitet. Opel stellt dafür 2 Opel Astra zur Verfügung und R + V übernahmen die gesamte Versicherung. Bei diesem Besuch erfuhren wir mehr über die Geschichte der Stadt Kamenez-Podolski: Wir wollten selbst einige Geschenkpakete austragen und besuchten eine ukrainische Ostarbeiterin, die sich sehr freute. Dann gingen wir noch zu einer alten Jüdin, die in demselben Haus wohnte. Bei

Lydia Nudelmann nahmen Michael und ich auf dem Bett neben ihr Platz. Uns gegenüber standen unsere 3 blonden blauäugigen deutschen „Recken": mein Sohn, 2,05 m und die anderen 2 m groß an der Wand. Der vierte junge Mann als Kameramann, der das ganze filmte, stand neben uns. Die Jüdin erzählte und plötzlich mitten im Wort fing ihr Gesicht an zu zittern und sie begann zu weinen, danach redete sie weiter und dann weinte sie wieder. Wir haben uns verabschiedet und haben nicht verstanden, was los war. Am nächsten Morgen sagte ich zu Michael Pustowit: „Ich würde gerne einmal auf einen alten Friedhof gehen." Er antwortete: „willst Du auf den alten Friedhof oder zur Gedenkstätte oder auf den neuen Friedhof?" Ich war erstaunt und wollte die Gedenkstätte sehen!

Zwischen Nachkriegshochhauskomplexen gab es einen breiten Grasstreifen, auf dem ein merkwürdiges Denkmal stand: auf allen vier Seiten war etwas geschrieben. Ich bat um eine Übersetzung: „gewidmet den Brüdern und Schwestern, die am 5. August 1941 hier von den Faschisten erschossen sind!" Nach späteren Recherchen erfuhr ich, dass hier das erste große Massaker der Judenvernichtung in der Ukraine unter deutscher Besatzung stattgefunden hatte: Es wurden viele Juden aus der Stadt und aus Ungarn, aus der Tschechoslowakei und aus Polen mit der Bahn dorthin gebracht und vom Bahnhof an diese Stätte getrieben und dann mit Maschinengewehren erschossen und mit Baggern in die ausgehobenen Gruben geschaufelt. Da verstand ich, was Lydia Nudelmann beim Anblick der drei deutschen jungen Männer empfand! Sie muss plötzlich an ihre Kindheit erinnert worden sein.

Michael berichtete, dass es vor dem Krieg in Kamenez-Podolski 33 Synagogen gab, weil die Stadt die größte Handelsstadt in dieser Gegend war, deren Einwohner zu 80 % Juden waren. Dafür sprachen auch viele Stadtpalais, die auf meine Nachfrage inzwischen Kinderheime oder Häuser für Tbc-Kranke waren. In dem sehr schön renovierten Arbeitsamt erklärte mir der relativ junge Leiter des Arbeitsamtes auf die Frage, wer früher in dem Haus gelebt hätte: „Das war das Haus eines reichen Juden!"

Nach dem Krieg gab es noch 500 jüdische Einwohner. Inzwischen gibt es wieder eine jüdische Gemeinde, mit der ich auch Kontakt aufgenommen habe. Die Leiterin empfing mich sehr freundlich und freute sich über die Hilfe von unserer Seite.

Die Grabsteine auf dem alten jüdischen Friedhof sind weitgehend zerstört, aber man kann immer noch Namen wie „Barenboim" auf den Trümmern lesen. Auch heute finden dort noch Beerdigungen statt.

Wir wurden mit großer Herzlichkeit aufgenommen und über die Geschichte der Stadt informiert. Peter der Große war durch das „Windtor" geritten. Seit dem Einfall der Türken gibt es ein Minarett neben der polnischen katholischen Kirche. Darauf steht bis heute die Madonna. Ein Merkmal für das Alter der Stadt war die Burganlage aus dem Mittelalter, die von dem Fluss Smotritsch wie ein Omega umrundet wird. Es wurde uns erzählt, dass es sich um die drittälteste Stadt der Ukraine nach Kiew und Lemberg handelt. In der Stadt herrschte seit dem Mittelalter schon das „Magdeburger Stadt-recht".

Uns wurden einige Krankenhäuser und Fabriken in einem erbärmlichen Zustand ge-zeigt, die auch dringend Hilfe benötigten. Der Bürgermeister empfing uns zu Ge-sprächen und war sehr interessiert an einer weiteren Zusammenarbeit und Hilfe.

Meine jungen Männer und ich haben die erste Reise in die Ukraine nicht als eine große Anstrengung, sondern als eine menschlich ungeheure Bereicherung empfunden! Am Schluss der Reise erklärten die Jungen: „Wir haben endlich kapiert, dass es etwas Wichtigeres als unseren Materialismus gibt!"

Inge Pertz, Dr. Erika Wolf, Maria v. P.

Mit meiner Mutter, die als Bundestagsabgeordnete viele Erfahrungen in der Entwicklungshilfe gemacht hatte, konnte ich mich sehr gut beraten, um einen Weg für weitere Hilfen in der Ukraine zu finden. Sie hatte sich selbst auch einen Eindruck vor Ort gemacht. Außerdem war ich in Kontakt mit dem ersten Sekretär der ukrainischen Botschaft, um von ihm auch zu erfahren, worauf ich bei einem weiteren Engagement für die Menschen in Kamenez-Podolski achten müsste. Mir kam es darauf an, neben der rein humanitären Hilfe auf jeden Fall auch Hilfe zur Selbsthilfe zu leisten, damit die Menschen in der Zukunft ihr Land selbst aufbauen konnten. Dazu gehörte der Aufbau von Kleinbetrieben, eine Unterstützung der Jugendarbeit und Hilfe für den Deutschunterricht in den Hochschulen, die ich dort auch besucht habe, und eine Unterstützung für die vorhandenen Wirtschaftsbetriebe. Wegen dieser Vorhaben stellte ich meine weitere Arbeit unter das Motto **„Entwicklung in der Heimat statt Asyl in der Fremde".** Das bedeutete für mich, mir weiter Gedanken zu machen, wie ich Spenden sammeln könnte, um dieses Ziel zu erreichen.

Dank meines langjährigen politischen Engagements und der 21 Kunstausstellungen, die wir in den Jahren von 1971 bis 1992 in unserem Haus und Garten in Wiesbaden veranstaltet hatten, kannte ich sehr viele Menschen und hatte entsprechend viele Ansprechpartner, die ich animieren konnte, sich an dieser Hilfsaktion für die Menschen in der Ukraine zu beteiligen. Aus meiner eigenen Vergangenheit wusste ich, dass man mit Nähen seinen Lebensunterhalt durchaus verdienen konnte: ich hatte ja mein Studium nach meiner Schneiderlehre mit dem Nähen von Kleidern für andere Menschen verdient. Also beschloss ich, an die Firma Singer zu schreiben und

Ukrainerin an der Singer-Nähmaschine

schilderte ihnen meine eigenen Erfahrungen mit der Bitte um Unterstützung meiner Hilfsarbeit. Daraufhin bekam ich sofort 5 fabrikneue Nähmaschinen geschickt.

Gleichzeitig habe ich an die Firmen Prym, Gütermann, MEZ und Ackermann geschrieben und bekam von ihnen entsprechend viele Zutaten, die für die Schneiderei notwendig waren. Außerdem spendete nach den Zeitungsartikeln ein Wiesbadener Textilgeschäft sehr viele Stoffe, die hochwertig, aber nicht mehr so modern waren. Mit diesen Spenden konnten kleine Schneidereibetriebe in Kamenez-Podolski eröffnet werden.

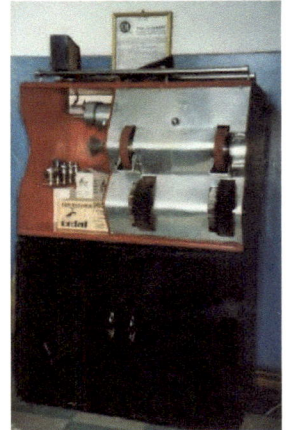

Die Firma Mr.-Minit stellte mir abgeschriebene Schuhreparaturmaschinen mit viel Reparaturmaterial zur Verfügung. Das war eine große Hilfe, denn die gespendeten Schuhe mussten bei den schlechten Straßenverhältnissen auch bald wieder repariert werden.

Von der Firma Wella AG wurde sehr viel Friseurmaterial gespendet. Damit konnte sich ein Friseur selbständig machen: Er gab seinem Geschäft den Namen „Friseursalon Pani Maria"

Mr. Minit-Schuhreparatur

Wir bekamen auch Druckereimaschinen und das dazu gehörende Material gespendet.

Aufgrund der schwierigen Situationen im Gesundheitsbereich habe ich Arzneimittelfirmen in Wiesbaden angesprochen, die zurückgegebene Medikamente abgaben. Damit konnten die Menschen in Kamenez-Podolski durch die dortigen Ärzte ohne Kosten besser versorgt werden. Natürlich war ich davon ausgegangen, dass die Ärzte unsere Spenden umsonst abgaben. Zusätzlich bekam ich von der Firma Braun-Melsungen immer wieder Paletten mit wichtigem Medizinmaterial, das wir an die 6 Krankenhäuser vor Ort lieferten.

Im Laufe der Jahre konnten Hunderte von Krankenhausbetten aus Mainzer Krankenhäusern, die abgeschrieben waren, nach Kamenez-Podolski zu den verschiedenen Krankenhäusern gebracht werden. Dazu kamen medizinische Geräte. Von der Stadt Wiesbaden bekam ich das Angebot, die Wiesbadener Rheumaklinik, die aufgelöst werden sollte, auszuräumen und alles nach Kamenez-Podolski zu bringen. Dazu lud ich vier Arbeiter aus Kamenez-Podolski ein, um diese Arbeit zu erledigen und dann in ihrer Heimat alles wieder aufzubauen. Es gelang auch, die Ernährung und Unterbringung der Arbeiter in Wiesbaden während dieser Zeit durch Hilfsangebote zu gewährleisten.

Bei meinem ersten Besuch wurde ich von den Direktoren der Firma Elektropribor angesprochen. Dort wurden zu früheren Sowjetzeiten die Feinstteile für Raketen hergestellt. Jetzt gab es keine Arbeit mehr und sie suchten sehr nach irgendwelchen neuen Aufträgen. Nach meiner Rückkehr nach Deutschland habe ich mich mit dem Senior Experten Service (SES) in Verbindung gesetzt und gebeten, einen Fachmann dorthin zu schicken, der sich die Lage einmal angucken könnte. Ich wurde gefragt: „wollen Sie sofort einen oder wollen sie den Besten?" Ich bestand darauf, den besten Fachmann zu finden, der im Frühjahr 1993 dann zu der Firma Elektropribor fuhr. Nach ausführlichen Gesprächen kam Dr. Neumann auf die Idee, die Firma mit einer deutschen Firma in Verbindung zu bringen. Dabei dachte er an die Firma Scheidt & Bachmann in Mönchengladbach, die in seiner heimatlichen Nähe war. Nachdem er zurück war, stellte er einen Kontakt zwischen den beiden Firmen her. Für das weitere Vorgehen bemühte ich mich darum, die ukrainische Botschaft mit einzubeziehen und bei allen Fragen hilfreich zur Verfügung zu stehen. Nach gegenseitigen Besuchen der Firmenchefs wurde die Idee entwickelt, dass Elektropribor Tanksäulen für die Ukraine herstellen könnte, denn man ging davon aus, dass in der Zukunft sehr viele Tankstellen in der Ukraine gebraucht würden. Scheidt & Bachmann begann damit, eine Probetankstelle in Kiew aufzubauen und bat die Leute von Elektropribor, einige Ingenieure dorthin zu schicken, um ihnen zu zeigen, wie der Aufbau vonstattengehen sollte. Elektropribor erklärte, für solche Arbeiten sei kein Geld vorhanden. Als ihnen von Scheidt & Bachmann erklärt wurde, es koste für sie kein Geld, sondern es sollten nur Fachleute geschickt werden, um den Aufbau einer Tankstelle zu erlernen, beschloss der Direktor, der ein Russe war und daran keinerlei Interesse hatte, dass das nicht in Frage käme. Zu meinem tiefen Bedauern wurde von Elektropribor für die hochqualifizierten Mitarbeiter und die ganze Ukraine eine große Chance vertan, denn Scheidt & Bachmann verzichtete auf jede weitere Zusammenarbeit und ging nach Moskau, um von dort aus den Tankstellenmarkt zu erschließen.

Trotz dieser Enttäuschung haben wir in Wiesbaden an die vielen armen Menschen in der Stadt gedacht und weiter zu Spenden aufgerufen. Wir hatten auch sehr viel Hilfen von verschiedenen Seiten: Ich brauchte immer wieder neue Sammelstellen und hatte zuerst die Johanniterunfallhilfe mit im Boot, die mir eine Garage als Sammelplatz anbot. Außerdem erklärte sie sich bereit, auch Spendenquittungen auszustellen, denn wir mussten ja das Geld für die Bezahlung der Sattelschlepper sammeln. Da wir sicher sein wollten, dass die Transporte mit allen geladenen Lebensmitteln und Spenden sicher in Kamenez-Podolski ankamen, war es wichtig, auch Transportbegleiter mit Fahrzeugen zu finden, die an der Grenze und bei der Verteilung vor Ort auf alles achteten. In diesem Zusammenhang erinnere ich mich an einen Mann namens Peter K., dessen Frau mich anrief und mir mitteilte, dass ihr Mann bereit wäre, einen Transport zu begleiten. Auf meine Antwort, ich hätte leider kein Auto, erklärte sie, das wäre gerade der Grund: er könnte mit seinem eigenen Auto mitfahren und könnte auch noch weitere Begleiter mitnehmen. Das Angebot nahm ich dankbar an, denn ich ging davon aus, dass auch Peter K. etwas Gutes für die Menschen in der Ukraine tun wollte. Da er gelernter LKW-Fahrer war, half er bei dem nächsten Hilfstransport auch, eine weitere Transportfirma zu finden. Danach organisierte er auch zwei Touristenreisen für Wiesbadener Bürger und Spender, die die Stadt, für die so viele Menschen spendeten, auf diese Weise kennen lernen konnten.

Zu meinem Erstaunen war der Bürgermeister, der doch bei meinen ersten Besuchen so viel Wert auf eine Zusammenarbeit gelegt hatte, bei diesem Besuch für mich nicht zu sprechen. Zuerst konnte ich mir keinen Reim darauf machen, aber langsam musste ich etwas erkennen: Als wir im August 1993 einen gemeinnützigen Verein gründeten, hatte ich Herrn K. dazu aufgefordert mitzumachen. Aber er verweigerte das und schickte stattdessen seine Frau als Gründungsmitglied. Das erstaunte mich. Im Laufe der nächsten Zeit entdeckte ich, dass er sich bei Firmen Spenden abholte, um die ich gebeten hatte, ihn aber nicht zum Abholen aufgefordert hatte. Er nahm auch die Dienste einer Dolmetscherin in Anspruch, die ich aufgefordert hatte mitzukommen, um für mich zu dolmetschen. All das verwunderte mich und ich musste leider langsam erkennen, dass Herr K. offensichtlich seine eigenen Geschäfte machen wollte. Er hatte meine Beziehungen wohl nur zum Einstieg genutzt und hatte auch Michael Pustowit auf seine Seite gezogen. Das betrübte mich sehr, denn ich hatte nicht die Absicht, in der Stadt Kamenez- Podolski Geschäfte zu machen, sondern mein Ziel war die Hilfe für die Menschen. Ich stellte also Michael Pustowit zur Rede und fragte ihn, was er mit Herrn K. zu tun hätte. Er teilte mir dann mit, er würde mit Herrn K. zusammenarbeiten. Das bedeutete für mich, dass ich mich von ihm trennen musste, denn es war ausgeschlossen, humanitäre Hilfe mit Geschäftemacherei zusammenzubringen. Jetzt musste ich einen neuen Ansprechpartner in Kamenez- Podolski suchen. Da bot sich eine Mitarbeiterin der Schule Nummer 1 an, mir zu helfen. Es handelte sich um Raissa Pawljukowitsch, eine Deutschlehrerin, die unter Michael Pustowit an der Schule N.1 arbeitete. Sie war bereit, das Dolmetschen für mich zu übernehmen.

Da Raissa von ihrem Vorgesetzten Michael Pustowit nach meiner Trennung von ihm

Raissa mit mir in der Kaffeestube

schlecht behandelt wurde, beschloss sie, sich pensionieren zu lassen, um die Arbeit mit uns in unserem Sinne durchzuführen. Sie gründete sehr schnell einen kleinen Hilfsverein in Kamenez-Podolski, um unsere Spenden besser zu verteilen. Nachdem wir mit dem Roten Kreuz schlechte Erfahrungen gemacht hatten, weil die Mitarbeiter sich offensichtlich zuerst selbst bedienten, waren wir froh, endlich eine Möglichkeit zu finden, von einem Hilfsverein - unserem in Wsb gegründeten „Partnerschaftsverein Wiesbaden-Schierstein * Kamenez-Podolski e.V." - mit einem Hilfsverein in der Ukraine dem „Freundschaftsverein Kamenez-Podolski * Wiesbaden" zusammenzuarbeiten. Wir vereinbarten mit Raissa, dass sie uns direkte Adressen mit Namen, Alter und Größe der Menschen und Familienstand schicken sollte, damit wir gezielt unsere Pakete packen konnten für die Menschen, die die Sachen nötig brauchten. Durch diese Methode war keine Organisation dazwischengeschaltet, wie das zuerst mit dem Roten Kreuz geschehen war, sondern der Freundschaftsverein sorgte dafür, dass die wirklich Bedürftigen durch unsere Hilfe ihr Leben erleichtern konnten.

Dank meiner Potsdamer Grundschul-Russischkenntnisse konnte ich alle Adressen von Kyrillisch in lateinische Buchstaben übersetzen! Um die Verteilung vor Ort zu erleichtern, habe ich die Straßen der Stadt in lauter Postleitzahlen aufgeteilt, damit jetzt die Pakete so geordnet werden konnten, dass sie gut leichter zu verteilen waren. Die Empfänger vor Ort mussten mit ihrem Personalausweis oder Pass

erscheinen. Dann wurde auf der Liste geprüft, ob ein Paket für sie vorhanden war. Wenn das der Fall war, mussten sie den Empfang mit ihrer Unterschrift bestätigen.

Viele Wiesbadener Spender bekamen auch Dankesbriefe. Auf diese Weise konnte ich in Wiesbaden immer allen Spendern nachweisen, dass die Sachen auch wirklich dort angekommen waren, wohin sie adressiert waren. Über diese genaue Art der Verteilung waren unsere Spender sehr erstaunt! Mit dieser Sicherheit waren immer mehr Wiesbadener bereit, weiter Pakete mit Nahrungsmitteln und Textilien zu schicken. Um den Platz auf einem Sattelschlepper gut auszuschöpfen, haben wir die Spender gebeten, ihre Sachen in Bananenkartons zu packen, weil die Bananenkartons sehr gut auf dem Lastwagen gestapelt werden konnten. Wir haben dafür gesorgt, dass außenherum überall Bananenkartons waren, damit in der Mitte des Lkw dann die wertvollen Gegenstände, wie Maschinen, Herde, Rollatoren, Fahrräder und Ähnliches geladen werden konnten. Damit sollte der Zoll nicht zu früh merken, was alles dabei war. Bei den Zollerklärungen hatte ich immer nur angegeben, es handele sich um „Sachen des täglichen Bedarfs"!

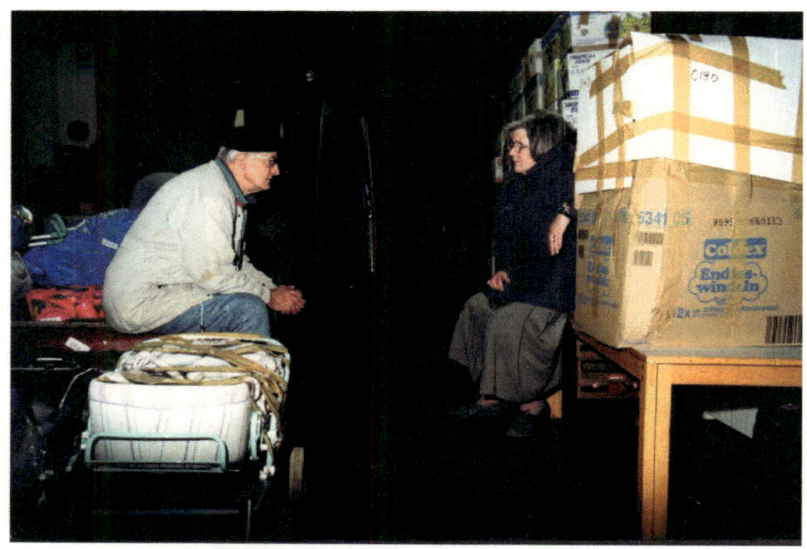

Leider wurde es nach einiger Zeit von der Verwaltung Kamenez- Podolski verboten, die Sachen an die von dort genannten Empfänger zu schicken, weil auf diese Weise immer dieselben

Martin und ich warten verzweifelt auf die Ankunft des Sattelschleppers

Familien Spenden bekamen und andere, die auch Hilfe nötig hatten, nichts erhielten. Ab diesem Moment wurden unsere Packaktionen umgestellt: Es wurden jetzt im Lager gezielt Pakete gepackt: zum Beispiel Kleider nach Größe oder Hosen oder Unterwäsche oder Schuhe usw. Raissa hatte von der Stadtverwaltung Lagerräume zugeteilt bekommen, in denen die Pakete ausgepackt wurden und dann entsprechend der Größen usw. aufgehängt oder gelagert wurden, so dass bedürftige Menschen kommen konnten, um in dem Lager nach entsprechend passenden Sachen zu suchen. Neben diesem Lager hatte sie auch noch einen „Apotheken- Kiosk" aufgebaut, in dem eine Krankenschwester saß, die von den Medikamenten etwas verstand, um den Menschen auf Attest eines Arztes ein entsprechendes Präparat kostenlos auszugeben. Wir hatten nämlich vorher festgestellt, dass die Ärzte die aus Wiesbaden gespendeten Medikamente nicht kostenfrei abgaben, wie wir es ja erbeten hatten, sondern dass sie sich dafür bezahlen ließen.

Kindergarten und Schuleinrichtungen wurden gezielt an entsprechende Institutionen ausgeliefert, die Raissa zuvor ausgesucht hatte. Die Gehörlosenschule konnten wir mit sehr viel Material unterstützen, aus dem die Lehrerinnen mit den Schülerinnen Kleider, Schürzen, Tischdecken usw. herstellen konnten, die dann verkauft wurden. Auf diese Weise konnten andere notwendige Dinge für die Schüler gekauft werden.

Wir haben auch eine Nirosta-Küchenanlage von der Firma DEURAG-AG ausgebaut und in die Tabakfabrik nach Kamenez-Podolski geschickt. Ungeheure Mengen von Fahrrädern, die teilweise reparaturbedürftig waren, brachten die Wiesbadener zu uns ins Lager. Raissa hatte in Kamanez-Podolski einen Mann gefunden, der die Fahrräder reparierte und gegen einen geringen Geldbetrag an Menschen weitergab, die sich bei Raissa gemeldet hatten. Wenn es irgendwie möglich war, Raissa bei ihrer Arbeit zu unterstützen, dann meldeten sich diejenigen, die von unseren Spenden etwas abbekommen hatten.

Barbro kontrolliert mit dem Zöllner

Bei den vielen Transporten, die ich selbst in die Ukraine begleitete, hatte ich immer große Unterstützungen: Meine schwedische Freundin Barbro Cluley, die ja meine beiden Brüder nach unserer Flucht aus Potsdam schon in ihrem Kinderheim in Schweden aufgenommen hatte und die ich aus ihrer Flüchtlingsarbeit in Österreich kannte, ist sehr häufig mitgefahren, um mich mit ihren langjährigen Erfahrungen in der Hilfsarbeit zu unterstützen. Sie wurde von allem Empfängern liebevoll aufgenommen. Ihre kritischen Ratschläge waren für mich sehr wichtig, weil sie uns immer wieder auf neue Gebiete hinwies und versuchte, auch die ukrainischen Empfänger unserer „Gaben" zur Mithilfe aufzufordern. So ließ ich in Deutschland gekaufte Nessel-Einkaufsbeutel von Ukrainerinnen sehr schön besticken, die ich dann in Wiesbaden verkaufte, um die nächsten Transporte zu finanzieren.

Einige Mitglieder und Freunde meiner Familie haben mich auch mehrfach begleitet. In der Zeit, in der wir vor Ort waren, hatte Raissa sich immer Unternehmungen für uns in der schönen Umgebung von Kamenez-Podolski ausgedacht, bei denen wir Menschen trafen, die nach der Wende selbst aktiv ihre Zukunft neu gestalteten, indem sie vorhandenes Material nutzen. Auf diese Weise konnten wir das Land und die Schönheit besser kennenlernen. In diesem Zusammenhang lernten wir zwei Ingenieure kennen, die eine Rosenzucht und eine Obstbaumplantage aufgebaut hatten.

Eine besonders große Unterstützung leistete in diesen vielen Jahren Olexander Kowaltschuk. Er kannte alle Politiker und Bürgermeister der Stadt KP. Ich vermute, dass er möglicherweise dem sowjetischen Geheimdienst angehört hatte, denn er wusste alle Namen sehr genau, als ich ihn einmal nach Wiesbaden zu uns eingeladen hatte. Zuerst war mir das unheimlich, aber

Olexander Kowaltschuk und Bürgermeisterin

im Laufe der Zeit überzeugte er mich mit seiner Arbeit, weil er sich immer zum Wohl unserer Hilfsarbeit einsetzte, wenn es mit den offiziellen Stellen Schwierigkeiten gab. Seine Erfahrungen mit deutschen Soldaten, die ihm im Alter von sechs Jahren die linke Hand mit einer Axt durchgeschlagen hatten, weil er etwas Essbares gestohlen hatte, konnte er mit unserer Unterstützung vergessen. Ich habe ihn mit seiner Hilfe und Warmherzigkeit bis zu seinem Tod in guter Erinnerung.

Schüler beladen den LKW

Durch die immer neuen Zeitungsartikel war jetzt auch das ganze Umland um Wiesbaden in die Spendenaktionen einbezogen, so dass wir im ersten Jahr vier und in den folgenden Jahren jährlich zwei bis drei Sattelschlepper nach KP schicken konnten.

Inzwischen hatten wir einen großen ehrenamtlichen Helferkreis, der uns beim Packen der Pakete in einer von der Stadt Wiesbaden zur Verfügung gestellten Halle unterstützte. Zum Laden brauchten wir mehr Kräfte!

Außerdem habe ich immer wieder meine Schüler gefragt, ob sie bereit wären, beim Laden zu helfen. Das waren sie, aber ich musste sie bei ihren Ausbildern abmelden. Das wurde immer genehmigt. Einmal kann ich mich entsinnen, dass die Frau des Vorstandsvorsitzenden von der R+V-Versicherung kam, um Stullen zu schmieren, denn die Versicherung hatte auch das Essen für den Tag besorgt und gespendet.

Deutsche Bücher aus Wiesbaden

Für die Deutsch-Abteilung der Universität von Kamenez-Podolski haben wir zuerst durch Vermittlung von Inter Nationes eine Ausstattung mit Lehrbüchern und Dias geschickt. Für die Pädagogische Hochschule haben wir von einer Wiesbadener Gemeinde Deutsch-Lehrbücher im Wert von 2.000 DM nach Kamanez-Podolski gebracht.

Durch Vermittlung des Leiters der GTZ (Gesellschaft für technische Zusammenarbeit), Dr. Hansjörg Elshorst, wurden die Kosten für 3 Doktoranden und eine Diplom-Kauffrau aus Wiesbaden für ca. 3 Wochen zur Abhaltung von Seminaren über die Soziale Marktwirtschaft gesponsert. Die Diplom-Kauffrau arbeitete mit den von uns geförderten Kleinbetrieben, um sie in die Fragen der Kalkulation einzuführen und ihnen bei notwendigen Anfragen der Stadtverwaltung zu helfen. Außerdem wurden auch mehrfach die Transportkosten von der GTZ übernommen. (Wir haben im Laufe der Jahre 49 Hilfstransporte nach Kamenez-Podolski geschickt. Bei einem Transport wurden 6 Sattelschlepper mit technischen Geräten wie Weinpressen usw. beladen.)

Die Konrad-Adenauer-Stiftung bezahlte einen Lehrgang für Frauen, die sich selbständig machen wollten.

Helmut von Scheidt

Der Schulleiter meiner Berufsschule, Herr von Scheidt, der meine Aktivitäten von Anfang gefördert hat, regte an, etwas für die Ausbildung von jungen Ukrainern zu tun. Raissa wählte junge Deutsch-Studentinnen in KP aus, die sie als Au-pair-Mädchen nach Wiesbaden vermittelte. Während dieses Jahres sollten sie die Höhere- Handelsschule in der Schulze-Delitzsch-Schule besuchen. Die ersten drei Schülerinnen habe ich nach ihrem Examen an Arbeitsstellen in Moskau bzw. in Kiew vermittelt. Nach Abschlüssen, fand mein Schulleiter es sinnvoller, dass die jungen Frauen, die inzwischen ihr Deutschlehrerstudium in KP abgeschlossen hatten, ein Diplom in Deutschland erwerben würden. Also gingen sie 2 Jahre lang in die Berufsfachschule und schlossen mit einem Examen als staatlich geprüfte Betriebswirtschafts-Assistentinnen ihr Studium ab. Damit gingen sie dann zurück in die Ukraine und haben sich um Arbeitsstellen bei deutschen Firmen in der Ukraine beworben. Es war ein schwieriges Unterfangen, immer neue Au-pair-Stellen für 2 Jahre während der Ausbildung in Wiesbaden zu finden. Einige Mädchen sind der Liebe wegen in Deutschland geblieben. Die anderen haben mit ihren Kenntnissen aus Deutschland am Aufbau ihrer Heimat teilgenommen.

Besonders wichtig erschien uns auch die Hilfe für alte Menschen. Wir haben sehr viele Sachen wie Rollatoren und Gehhilfen nach KP gebracht. Dann kam Raissa auf die Idee, für die alten Menschen, „Essen auf Füßen" zuzubereiten. Sie bekam von der Stadt einen Raum zur Verfügung gestellt, der mit Möbeln aus Wiesbaden eingerichtet wurde. Dazu kamen Herd und Eisschrank und weitere Einrichtungsgegenstände, so dass sie dort mit Helferinnen aus ihrem Verein kochen kann. Alte und gebrechliche Menschen kommen sonntags in das „Café Drei Lilien" (nach dem Wiesbadener Wappen).

Café Drei Lilien

Für Menschen, die sich nicht allein bewegen können, wird das Essen wie bei uns auf

"Rädern" nach Hause gebracht. Für diese Mahlzeiten erhält sie inzwischen auch Spenden von Bauern, die früher Spenden aus Wiesbaden bekommen hatten.

In diesem kleinen vom Freundschaftsverein betriebenen Café kann man auch kleine Feste gestalten. Vor kurzem ist es gelungen, deutsche Reisegruppen zu beköstigen.

Nach meinem Umzug 1999 von Wiesbaden nach Potsdam wurde ich gebeten, den Vorsitz beizubehalten, weil die vielen Beziehungen so wichtig sind. Das habe ich gemacht und bin sehr dankbar, dass die vielen tüchtigen Helfer vor Ort in Wiesbaden alle notwendigen Tätigkeiten ausführen. Unsere Aufbauhilfe geht seit kurzem auf andere Weise weiter, weil die Wiesbadener Vereinsmitglieder jetzt zu alt sind zum Packen von Paketen. Wir sammeln weiter Spenden, die unter der Verwaltung von zwei in Wiesbaden ausgebildeten Schülerinnen jetzt in KP als zinslose Kleindarlehen ausgegeben werden, um Kleinbetriebe aufzubauen. Das Geld wird nach einem Jahr zurückgezahlt und kann an neue Interessenten ausgeliehen werden. Dafür haben wir jetzt erfolgreiche Beispiele. (www.wiesbaden-kamenez-podolski.de)

Wolodimir Oleinik hat am Straßenrand eine noch kleine Bude zur Reifenerneuerung aufgemacht. Wir haben ein Darlehen zum Kauf einer Maschine zur Reifenerneuerung gegeben, mit der auch Felgen ausgebuchtet werden können. Bei den Straßenverhältnissen mit den unendlichen Schlaglöchern ist das sicher ein notwendiger und sehr ausbaufähiger Betrieb. Wolodimir erklärte uns, dass er den Betrieb weiter vergrößern will und eine Halle braucht, damit die Kunden und Reparaturinteressenten nicht bei Regen und Schnee auf der Straße stehen müssen. Sein Sohn unterstützte ihn bei der Arbeit. Nach der Besichtigung waren wir zu seiner Familie zum Abendessen eingeladen. Seine Frau Julia begrüßte uns in dem selbst gebauten Haus, in dem die Familie mit vier Kindern lebt. Neben dem Haus hat Wolodimir noch ein Grundstück erworben, auf dem er ein klei-

Das liebevoll gerichtete Abendbrot nahmen wir mit großem Genuss mit der ganzen Familie nach einem Gebet ein. Es gab sehr Schmackhaftes, Selbstgemachtes zu essen und keinen Alkohol! Im Gespräch erfuhren wir, dass die älteren Söhne zum Erhalt von guten Schulnoten Geld zahlen sollten, was leider sehr üblich ist. Sie weigerten sich und wurden deshalb von ihren Klassenkameraden angegriffen. Zum Schluss haben sie auch ohne Geld gute Noten bekommen und studieren jetzt mit einem Stipendium der katholischen Kirche in Polen. Der Vater sagte uns auch, dass er noch nie Geld zur Korruption ausgegeben hat. Diese Einstellung hat uns sehr darin bestärkt, diesen Kleinbetrieb weiter zu unterstützen, denn er gehört zur „Goldschicht" und ist damit ein Vorbild für die anderen, die auch zum Aufbau beitragen können.

Es würde uns Mut machen, mehr Darlehen zu geben, damit die Ukraine wieder von den eigenen Bürgern aufgebaut wird und damit zeigt, dass auch Darlehen gut dort angelegt sind. Hilfe zur Selbsthilfe ist die beste Möglichkeit, damit ein Land wieder erfolgreich wird.

1998 bekam der „Partnerschaftsverein Wiesbaden-Schierstein * Kamenez-Podolski e.V." in Anerkennung für engagierte Aufbauarbeit in Kamenez-Podolski den Robert-Bosch-Preis in Höhe von 5.000 DM. Diesen Preis haben wir zur Bezahlung eines neuen Dachs für ein Tbc-Kinderheim in Kamenez- Podolski verwandt. Wir hatten das Kinderheim mehrfach besucht und erlebt, dass es durchregnete und die Wände alle feucht waren. In einer solchen Umgebung konnten die Kinder nicht wieder gesund werden. Aus diesem Grund waren wir sehr dankbar, dass wir mit dem Preisgeld der Bosch-Stiftung einen Beitrag zur besseren Versorgung der Kinder leisten konnten.

Vor einiger Zeit bekam ich eine Anfrage eines Mannes, der meine Adresse von unserer Website erfahren hatte. Er schickte mir zwei Fotos, nach deren Hintergrund er mich fragte. Das eine Bild stellt die bekannte Burganlage von KP dar und das andere Bild zeigte viele Menschen auf einem Platz. Ich habe es zur Sicherheit an Raissa geschickt, die mir dann mitteilte, dass es sich bei diesem Bild um den Alten Markt mit dem Ghetto im Haus N6 handelt. Die Schule N1, in der wir unsere Hilfsarbeit für die Stadt KP begonnen haben, liegt auch auf dem Alten Markt – wahrscheinlich neben dem Haus N6. Das ist doch ein merkwürdiger Zufall! Wahrscheinlich fiel mir die Aufgabe zu, das Ansehen der Deutschen nach den schrecklichen Erfahrungen 1941 wieder auf die positive Seite zu bringen!

Es hat mich sehr berührt, dass die Stadtverordnetenversammlung einstimmig beschlossen hat, mir den 3. Orden, den sie je verliehen hatte, an die Brust zu heften. Ich hätte die Hilfsarbeit auch ohne Ordensverleihung fortgeführt, aber diese Geste hat mir gezeigt, dass auch die Regierenden der Stadt Kamenez-Podolski das Engagement für die Menschen anerkennen. Für mich ist es ein Beitrag zu unserer Wiedergutmachungspolitik, mit der wir zeigen können, dass Deutschland aus der Vergangenheit gelernt hat.

KZ-Abzeichen

Ein weiteres Erlebnis war, dass ein Mann, der mit seinem Abzeichen immer vor dem Rathaus saß, nach einer Versammlung, zu der ich alle Vereinsvorsitzenden eingeladen hatte, zu mir nach vorn kam und mir sein KZ-Abzeichen auf den Tisch legte. Da hatte ich den Eindruck, dass er diese schrecklichen Erfahrungen jetzt loslassen konnte!

Orden der Stadt Kamenez-Podolski

Vom Präsidenten der Bundesrepublik Deutschland Professor Roman Herzog bekam ich im Jahr 1997 das Bundesverdienstkreuz am Bande für die Aufbauarbeit in Kamenez-Podolski verliehen. (www.wiesbaden-kamenez-podolski.de)

Die Wende in Deutschland und ihre Folgen für uns

An den 9.November 1989 kann ich mich noch genau erinnern: Martin hatte gerade mit viel Mühe den ererbten schweren Messingkronleuchter an die Decke gehängt, als in den Nachrichten mitgeteilt wurde, dass die innerdeutschen Grenzen geöffnet werden. In dem Moment flog der Kronleuchter von der Decke auf unseren Steinfußboden!

In den nächsten Tagen fuhren wir immer wieder in die Stadt und trafen auf Menschen aus der DDR, die ihr Glück eigentlich noch gar nicht fassen konnten. Wir waren genauso aufgerüttelt und überlegten alle, wie wir jetzt helfen könnten. Wir sammelten viel Schreibmaterial, das wir nach „Drüben" brachten, damit die Menschen in der ehemaligen DDR Wahlkampf machen konnten.

Ein halbes Jahr vor der Wende hatte ich eine Ärztin aus Dresden kennengelernt, die ich auch in meine Schulklasse eingeladen hatte, um von ihrem Leben und den Beeinträchtigungen zu berichten. Sie erzählte, was sie gern lesen würde, aber das gäbe es in der DDR nicht. Meine Schüler rasten in der großen Pause zum Bahnhof und kauften alle erwähnten Taschenbücher, die sie ihr mitgeben wollten. Die Bücher hat sie alle versteckt um ihren Bauch nach Dresden mitbekommen. Nun war sie mit ihrer Familie unser Anlaufpartner für all unsere Materialien, weil sie zum Kreis der Dissidenten gehörte. Ein westdeutscher Unternehmer, mit dem wir befreundet waren, fragte uns, ob er einmal ganz inoffiziell mit uns nach Ostdeutschland fahren könnte, um sich ein Bild von der Lage vor Ort zu machen.

Wir fuhren in seinem feinen Mercedes ohne Chauffeur mit seiner Frau zusammen nach Dresden. Unsere Freunde hatten ihre Dissidenten-Freunde zu einem Abend eingeladen und sie berichteten von ihren Erlebnissen in der DDR und wollten sich jetzt engagieren, um alles zu verändern. Die Antworten unseres Unternehmer-Freundes werde ich nie vergessen: „Ich kann Sie sehr gut verstehen, aber Sie werden sehen: binnen kurzer Zeit sind wieder die ehemaligen Oberen an der Macht, denn sie wissen, wie es geht!" Leider kam es in vielen Fällen so, dass die ehemals Mächtigen nach einer kurzen oberflächlichen Wandlung und einer Umschulung – teilweise im Versicherungsbereich - wieder an der Macht waren!

Mein Schulleiter bot auch Hilfe an: wir bekamen eine Berufsschule in Görlitz als Partner zugewiesen, die wir über die wichtigen Unterrichtsinhalte im Westen informierten. Wir fuhren mehrmals mit einigen Kollegen nach Görlitz, um vor Ort die Situation zu erkunden. Dort wurden wir sehr freundlich von einer Kollegin und ihrem Mann untergebracht und beköstigt. Abends hatten wir dann immer intensive Gespräche über ihre Erfahrungen und die notwendigen Veränderungen. Im Gegenzug luden wir Kollegen nach Wiesbaden ein, um ihnen zu zeigen, wie es bei uns zuging und ihnen alle Fragen zu beantworten. Das war eine fruchtbare und erfolgreiche Zusammenarbeit zwischen Ost- und West-Deutschland.

Martin vor dem Nachtspeicherofen in der DDR-Einrichtung

Über DDR-Verwandte hatten wir von einem ehemaligen Diplomaten-Feriendorf in der Nähe von Rheinsberg gehört. Mit der ersten Möglichkeit mieteten wir im Sommer 1990 dort ein Ferienhaus. Es handelte sich um das Feriendorf Menz am Roofensee zwischen Rheinsberg und Gransee, das zu DDR-Zeiten ein Diplomaten-Feriendorf war. Eine wunderbare, ruhige Gegend in der Mark Brandenburg. In dem Feriendorf gab es 15 Häuser, die alle gleich – im Stil der DDR – eingerichtet waren: riesige Heizspeicheröfen, dicke altmodische Sessel, eine Küche mit uralten Kochmöglichkeiten usw. Das alles störte uns nicht, denn wir genossen den See und die Möglichkeiten, in den Wäldern zu wandern und Blaubeeren und Pilze zu sammeln. Das ganze Areal war von einem Zaun umgeben und mit dem Hinweis versehen, dass es von der Staatssicherheit überwacht wurde. Für die DDR-Zeiten war das sicher wichtig, aber nach der Wende bedeutete es, dass die Dorfbewohner einen weiten Bogen um die Ferienanlage machten. Erst allmählich konnten wir bei Kontakten mit dem Eier-Mann, bei dem wir frische Eier kaufen konnten, mehr über die unrühmliche Vergangenheit erfahren. Jetzt wurde die Anlage von der Treuhand verwaltet. Für die Dorfbewohner war die Vergangenheit der Ferienanlage immer noch mit einer Stasi-Bewachung so belastet, dass sie auch nach der Wende nicht dorthin gingen.

In den folgenden Jahren mieteten wir immer schon im Voraus für den nächsten Sommer „unser" Haus, weil es uns so gut gefiel und wir uns wunderbar erholten. 1996 hatte ein Bulgare, der in Berlin schon ein Hotel besaß, die Anlage gepachtet. Als wir am Ende unserer Ferien wieder für das folgende Jahr buchen wollten, sagten uns die jugendlichen Verwalter, sie wüßten nicht, ob das möglich wäre, denn der bulgarische Pächter wollte einen Puff aus dem Areal machen. Wir „fielen vom Stuhl" und ich verkündete: „nur über meine Leiche!" Als ich dann in Potsdam zur Treuhand ging, um zu fragen, ob sie wüßten, was mit dem Feriendorf Menz geschehen sollte, wurde ich erstaunt angesehen. Ich berichtete von dem Gehörten mit dem Erfolg, dass die Sachbearbeiter erklärten: „Ach, dann wird uns manches klar!" Ich verkündete: „nur über meine Leiche!" und fuhr zurück nach Wiesbaden.

Dort überlegte ich, wen ich über dieses Vorhaben unterrichten könnte: Bundeskanzler Helmut Kohl, denn dort kannte ich den persönlichen Referenten, Finanzminister Waigel, der für mich 1982 Landtagswahlkampf gemacht hatte, Angela Merkel, die gerade in Brandenburg die CDU leitete und Ulf Fink, der Brandenburg aus politischer Arbeit kannte. Nun konnte ich ja schlecht den Begriff „Puff" verwenden, also schrieb ich, der Bulgare wolle in diesem wunderschönen Feriendorf ein „Etablissement" errichten, das die Gäste gerne schnell und ungesehen verlassen wollen!" An Minister Waigel schrieb ich sehr persönlich und bedankte mich noch einmal für seine Hilfe bei meinem Landtagswahlkampf 1982. Damals hätte ich das Mandat nicht bekommen, aber jetzt würde ich mich in Ostdeutschland engagieren. Einige Wochen später bekam ich einen Anruf von der Treuhand: „Ihr Brief an den Finanzminister liegt uns vor. Das Feriendorf Menz wird neu ausgeschrieben! Sie bekommen eine Ausschreibung."

In der Tat bekamen wir die Ausschreibung, entschieden aber nach reiflicher Überlegung, dass ein Engagement dort für Martin im Alter von 71 Jahren zu viel wäre. Im Februar 1997 hörte ich dann von der Treuhand, dass der Bulgare schon einen Kaufvertrag in der Hand hatte, der ihm weggenommen wurde. Wir hatten uns überlegt, dass es doch ganz gut für das Zusammenwachsen der Deutschen in Ost und West wäre, wenn immer ein ehemaliger DDR-Bürger ein Haus neben einem Bundesbürger erwerben würde, dadurch könnte man im Gespräch miteinander Erfahrungen machen und damit mehr Verständnis für einander aufbringen. Leider lief es anders!

Haus Nr. 8 nach der Sanierung

Ein Oldenburger Unternehmer hatte das ganze Areal gekauft mit der Maßgabe, dass das Feriendorf mit den einzelnen Häusern erhalten bleiben sollte. Mit einer Gruppe von Oldenburger Bau-Unternehmern hat er dann alle Häuser von Grund auf renoviert und neu eingerichtet, um dann die einzelnen Häuser an Interessenten zu verkaufen. Die vielen sanierten Ferienhäuser wurden sehr schnell an Interessenten – weitgehend an Bürger aus Westdeutschland, die mit dem Sanierer befreundet waren, verkauft. Glücklicherweise konnten wir das Haus Nr. 8 erwerben und können nun immer dort Ferien machen oder es als Feriendomizil vermieten. Inzwischen hat sich das „Feriendorf Menz" zu einem Geheimtip entwickelt, das viele deutsche Urlauber - besonders aus dem Berliner Raum - gern besuchen. (www.waldpark-am-roofensee.de)

32 Jahre Wiesbaden mit vielen Begegnungen

Unser schönes Haus in der Heinrich-Zille-Straße in Wiesbaden-Schierstein lud zu Begegnungen ein. Da Martin und ich immer Freude an Menschen und ihren Schicksalen hatten, öffneten wir unser Haus gern. Von einigen Besuchern, die unser Leben geprägt haben, möchte ich gern berichten. Viele Kontakte verdanken wir auch meiner Mutter, die als Bundestagsabgeordnete immer Interesse daran hatte, dass offizielle Besucher in Deutschland nicht nur Schulen, Kindergärten und Krankenhäuser kennenlernen, sondern dass sie auch einmal Einblick in ein normales deutsches Familienleben bekommen.

In diesem Zusammenhang erinnere ich mich an eine größere Gruppe von Top-Chinesen, die wir 1987 bei ihrem Besuch in Frankfurt/Main zum Abendessen zu uns eingeladen haben. Ich wollte etwas typisch Deutsches zum Abendessen anbieten und machte „Frankfurter Zwiebelkuchen" und Rote Grütze zum Nachtisch. Ich hatte an drei Tischen gedeckt: an einem Tisch saß meine Mutter, am zweiten saß Martin und am dritten saß ich. An jedem Tisch saß auch ein Dolmetscher, so dass wir zu guten und interessanten Gesprächen kamen. Nachdem die Gäste abgefahren waren, haben wir drei dann unsere Erkenntnisse ausgetauscht und diskutiert. Im Nachhinein hörte ich mit Schrecken, dass chinesische Mägen keine Zwiebeln vertragen! Das tat es mir für unsere hohen Gäste leid, dass ich Frankfurter Zwiebelkuchen für sie gebacken hatte. Sie sind wohl heil wieder nach Hause gekommen?!

Angeregt durch diesen „chinesischen Abend" machten wir im folgenden Jahr eine dreiwöchige Reise nach China mit dem Titel „4000 Jahre auf den Spuren der Kaiser". Wir erlebten zu unserem Erstaunen ein Land, in dem es Märkte mit freiem Handel gab. Unsere Reise fand kurz vor dem Massaker auf dem Tian'anmen-Platz statt, durch das die Demokratiebewegung der Studenten beendet wurde und die alte rotchinesische Diktatur sich wieder festigte.

Als meine Mutter 1965 in den Bundestag gewählt worden war, kamen einige jüngere Abgeordnete auf sie zu und luden sie ein, in ihre Gruppe zu kommen. Meine Mutter war erstaunt und meinte, sie wäre doch viel zu alt (53 Jahre). Da wurde ihr aber bedeutet, dass sie jung im Geiste wäre! Von da an nahm sie mit Freude an den Treffen teil.

Dr. Bernhard Vogel

1967 wurde Bernhard Vogel, ein Mitglied dieses Abgeordnetenkreises, Kultusminister in Mainz. Meine Mutter erzählte ihm, sie hätte eine Tochter mit Familie auf der gegenüberliegenden Rheinseite und bot ihm an, sich dort einmal zu treffen. Das erste Treffen fand morgens um 9 Uhr zum Frühstück bei uns statt. Herr Vogel brachte in der Regel seinen Pressereferenten Hans-Heiner Boelte mit. Nach dieser ersten Begegnung folgten viele weitere. So entstand langsam eine Freundschaft zwischen Dr. Vogel und uns.

Er besuchte uns auch ganz zwanglos, ohne dass meine Mutter da war. Langsam wurde es zu einer Tradition, dass Bernhard Vogel uns einmal im Jahr zu einem Abendessen mit anderen interessanten Gästen besuchte. Das hat sich bis zum heutigen Tage fort- gesetzt. Auch mit der Familie Boelte, deren Kinder ähnlich alt waren wie unsere, entwickelte sich eine intensive Freundschaft, die über alle Entfernungen und Lebensveränderungen angehalten hat.

Durch Bernhard Vogel lernten wir 1976 seine Nachfolgerin im Amt der Kultusministerin, Hanna-Renate Laurien, kennen. Mit Frau Laurien hatte ich eine wunderbare Ansprechpartnerin in allen Lehrerfragen, denn ich hatte ja mein Referendariat gerade beendet. Sie war häufig ganz unkompliziert bei uns zu Gast. Einmal hatte ich Hackfleischpasteten zubereitet. Meine Kinder beobachteten das mit großen hungrigen Augen. Ich beruhigte sie und erklärte, dass alle Gäste vorher mitgeteilt hätten, dass sie nicht viel essen würden, weil sie abnehmen wollten. Auf jeden Fall dürften sie die Reste anschließend essen. Den Gästen schmeckte es offensichtlich so gut, dass sie auch in der 2. Runde zugriffen: eine Pastete war noch übrig: da sagte Frau Laurien zu mir: „es schmeckt so gut, diese letzte Pastete teilen wir beiden uns!"

Frau Laurien war selbst auch eine gute Gastgeberin, die gern in ihre Wohnung einlud und selbst kochte. Bernhard Vogel, mit dem sie befreundet war, rief immer an und erkundigte sich nach den Gästen. Wir waren wieder einmal bei ihr eingeladen, aber Martin war zur Kur gefahren, so dass ich absagte. Da meinte Frau Laurien: „ein Pawelsz ist mir lieber als kein Pawelsz!" und ich ging zu der Abendeinladung in Begleitung von unserem langjährigen Freund Robert Geipel, der gerade in Wiesbaden war. Herr Vogel rief wieder an und war ganz entsetzt, dass ich mit einem fremden Mann kommen wollte. Da beruhigte ihn Frau Laurien und sagte ihm: „Sie kennen Professor Geipel als Freund der Familie Pawelsz!"

1981 wechselte Frau Laurien zum Leidwesen aller ihrer Freunde als Schulsenatorin nach Berlin. Aus Treue zu ihren vielen Mainzer Wegbegleitern und Freunden gab sie jedes Jahr ein „Berlin-Fest" in der Scheune des Künstler-Ehepaares Liesel und Johannes Metten in Nieder-Olm. Bei diesen jährlichen Erinnerungsfesten lernten wir viele interessante Menschen kennen, denen wir immer wieder auf verschiedenen Ebenen begegneten.

Dr. Hanna-Renate Laurien

Nach unserem Umzug nach Potsdam haben wir Frau Laurien auch häufiger wiedergetroffen. Ich habe ihr auch immer meinen Weihnachtsbrief geschickt. Anfang 2010 schrieb mir ihre Schwester, dass sie mir nicht mehr antworten könnte, weil sie dement und in einem Pflegeheim wäre. Umso erstaunter war ich, als ich am Morgen des Abflugs zu unserer Kur nach Ungarn im Januar 2010 einen Brief von Frau Laurien aus dem Briefkasten fischte. Wie immer hatte sie mit der Schreibmaschine geschrieben und war sehr genau auf die Angaben in meinem Weihnachtsbrief eingegangen: Sie forderte mich auf, „*Wegbereiter und Säule unserer Demokratie zu bleiben*". Zum Schluss erwähnte sie noch einmal jedes Familienmitglied mit Namen und grüßte alle. Über diesen Brief war ich sehr berührt und beschloss, sie nach unserer Rückkehr aus Ungarn zu besuchen. Eines Nachts träumte ich ganz intensiv von ihr und sah sie so, wie ich sie kannte, aufregend angezogen mit einem großen Schmuck auf der Brust! Im Traum traf ich sie in ihrem Altersheim! Am nächsten Abend kam im Fernsehen die Nachricht: „Hanna-Renate Laurien ist heute gestorben!" In dem Moment wusste ich, dass dieser Traum ein persönlicher Abschied war, der mich bis heute bewegt!

Meine Mutter war lange Mitglied im Rechtsausschuss der evangelischen Frauenarbeit. Als der § 218 dort behandelt wurde, war sie der Meinung, das Thema träfe nicht mehr auf sie zu und meinte, ich sollte dort mitarbeiten, denn das sei für meine Generation wichtig.

In diesem Ausschuss traf ich Frau Dr. Elisabeth Schwarzhaupt, unsere erste Bundesministerin im Kabinett von Konrad Adenauer. Obgleich ich 38 Jahre jünger war als sie, waren wir in vielen Punkten, die im Rechtsausschuss besprochen wurden, derselben Meinung. Ich kann mich erinnern, dass wir Beide häufiger Sondervoten abgegeben haben, weil wir der Meinung waren, dass man sich bei Verboten immer fragen müsste: „Wie würde ich entscheiden, wenn ich persönlich betroffen wäre?"

Dr. Elisabeth
Schwarzhaupt

Nach einigen Sitzungen lud sie Martin und mich zum Abendessen zu sich nach Hause ein. Es war ein sehr anregender und diskussionsfreudiger Abend, dem viele Einladungen mit interessanten Zeitgenossen bei ihr oder bei uns folgten. Eines Tages schrieb sie mir einen Brief: sie hatte eine alte jüdische Schulfreundin zu Gast, die in der Nazizeit über Frankreich nach USA emigriert war und wenig Kontakte zu deutschen Familien hatte. Frau Schwarzhaupt war der Ansicht, sie sollte mal eine „normale" deutsche Familie kennenlernen und fragte, ob sie uns mit ihrer Freundin besuchen dürfte. Wir luden die beiden alten Damen zum Erdbeerkuchen unter unseren Nussbaum am Pfingstsonntag ein, als auch meine Mutter bei uns war. Die beiden Damen Ilse Bing (Jahrgang 1899) und Elisabeth Schwarzhaupt (Jahrgang 1901) kamen zu uns. Nach Kaffee und Kuchen und Erzählungen ging ich mit Ilse Bing in den Keller, um ihr die Bilder für die nächste Ausstellung zu zeigen. Ich erzählte ihr von Paul Feiler, der als Jude Frankfurt verlassen musste und darüber immer sehr verbittert war. Durch eine Ausstellung einiger seiner Gemälde wollte ich ihm ein bisschen von seinen Frankfurter Wurzeln zurückgeben. Nachdem Ilse das gehört hatte, fragte sie mich nach unserem Schicksal und war sehr betroffen, als sie davon hörte. Sie meinte: „Ich wusste ja gar nicht, dass es Deutschen auch so schlecht ergangen ist, obwohl sie nichts Böses getan haben!" Auf dem Weg zurück in den Garten erzählte sie von ihrem Mann Konrad Wolff. Mir ging ein „Flitz" durch den Kopf und ich fragte sie: „Ist das der Sohn von Martin Wolff?" Ilse antwortete kurz: "Ja!"

Mit diesem Namen war ich aufgewachsen, weil Professor Martin Wolff der Doktorvater meiner Mutter war, den sie sehr verehrt hatte und mit dessen jüngerem Sohn sie befreundet war. Professor Wolff musste als Jude Deutschland mit seiner Familie verlasssen und arbeitete in England weiter als sehr anerkannter Juraprofessor. Meine Mutter hat nach dem 2. Weltkrieg auch wieder Kontakt zu dem Sohn aufgenommen.

Für meine Mutter war es wie ein Wunder, dass sie durch diesen zufälligen Pfingstbesuch die Schwiegertochter ihres Doktorvaters kennenlernte und dadurch auch den Kontakt zu der Familie Wolff erneuerte, den sie bei den nächsten Begegnungen mit Ilse Bing und ihrem Mann Konrad vertiefte. Konad war glücklich, dass er mit ihr über seinen Vater und die alten Zeiten sprechen konnte.

Ilse Bing,
die große Fotografin,
pflegt heute
Hunde: Den Kopf
hält sie sich
frei für ihre neuen
Künste

Aus dieser ersten Begegnung wurde eine lebenslange Freundschaft. Ilse Bing war eine Fotografin, die den Namen „Königin der Leica" trug, weil sie sehr früh mit der Leica arbeitete. Sie machte alle ihre Aufnahmen bis zum Ende des 2. Weltkrieges in schwarz-weiß und entwickelte alle Bilder selbst. Neben vielen Mode-, Städte- und Naturaufnahmen fotografierte sie sehr einfühlsam Menschen. Besonders die Kinderaufnahmen sind eindrucksvoll. Sie erzählte mir, dass sie zu den Familien ging, um einige Zeit mit ihnen zu leben, damit sie die Kinder in verschiedenen Lebenssituationen aufnehmen konnte und nicht „als Püppchen vor der Kamera".

Nach dem 2. Weltkrieg versuchte sie mit Farbfilmen zu arbeiten. Damit war sie nicht zufrieden, stattdessen verlegte sie sich auf's Dichten: Sie dichtete in den drei Sprachen, in denen sie lebte: in Deutsch, Französisch und Englisch – es waren keine Übersetzungen, sondern jeweils einzelne Gedichte. Ich entsinne mich, dass sie bei unserer einzigen Winterausstellung, für die wir alle unsere Bilder im Wohnzimmer abgehängt hatten, um die Fotoaufnahmen von Ilse zu zeigen, ihre Gedichte vorlas. Dabei saß ein großer

Kreis von Kindern um sie herum, die ihr begeistert zuhörten.

Ilse hat mir eine interessante Aussage hinterlassen:

„Ilse Bing: <u>Antwort an Studenten, die von der veralteten Ästhetik ihrer Fotos sprachen</u>.
Ihr sollt ja gar nicht das machen, was ich vor langer Zeit gemacht habe. Ihr sollt neue, Eure eigenen Wege suchen – ich selbst tue es ja auch, ich mache nicht mehr diese Fotos – die sind ja old und brauchen nicht wiederholt zu werden.

Aber Ihr sollt das Alte, das Werk der Vergangenheit aus seiner Zeit heraus verstehen. Ihr sollt wissen, dass Eure Wurzeln nicht in der Luft, sondern in der Vergangenheit stecken, wenn auch Eure „Blüten" neu und anders sind.

Außerdem „veraltet" ist nichts in der Kunst, denn Kunst ist lebensverbunden, lebendig – das Leben veraltet nicht, jede Zeit hat ihre Bedeutung in der Geschichte.- Was veraltete, ist die MODE, denn Mode ist Form und nicht Leben.

Also bitte: verwechselt nicht die FORM der Mode mit der GESTALT."

Bei ihrem nächsten Besuch in Deutschland brachte Ilse auch ihren Mann, Konrad Wolff, mit. Er war ein sehr kluger, nachdenklicher Mann, mit dem ich bis zu seinem Tod einen wunderbaren Briefwechsel hatte. Am 2.7.1985 schrieb er mir: *„…ich will mich auch, ebenso wie Ilse, über Erziehung in Deutschland bei Ihnen instruieren, wobei mir am meisten an der Musikbildung gelegen ist; d.h. nicht so sehr, ob und wie die Kinder lernen zu singen, Gehör zu schulen und ein Instrument zu bedienen, sondern vielmehr die Erziehung des Verständnisses und der Geschichte, auch die Elemente musikalischer Formen. Es wäre gut, wenn ich aus Europa etwas mitbringen könnte, was den hiesigen Erziehern von Nutzen sein könnte."* Konrad Wolff wurde am 11. März 1907 in Berlin geboren. Sein Vater, Professor Martin Wolff, war ein bedeutender Rechtsgelehrter, dessen Publikationen auch heute noch einen ausgezeichneten Ruf genießen. Konrad Wolff promovierte als Jurist 1930 in Berlin, 1933 emigrierte er nach Paris und begann ein Klavierstudium bei Artur Schnabel in Italien. 1939 wurden er und seine Frau, Ilse Bing, in verschiedenen Lagern in Frankreich interniert. Es gelang ihnen, auf einem Bananenschiff von Marseille nach Trinidad und von dort nach New York auszureisen. Am 13. Juni 1943 war ihre Odyssee beendet und sie lebten seitdem in New York.

Einige Zeit nach ihrem ersten Besuch bei uns machte ich eine befreundete Filmregisseurin, Crissy Hemming, auf Ilse Bing aufmerksam. Sie besuchte Ilse in New York und fand ihr Leben in der Rückschau so spannend, dass sie dann einen Film mit den drei Leben der Ilse Bing: Frankfurt - Paris - New York drehte, der am 27. April 1986 in der ZDF- Reihe „Die Stadtschreiber" gezeigt wurde. Ilse war die berühmte „Königin der Leica", weil sie bahnbrechende Fotos gemacht und entwickelt hatte. Ihr Leben nach der Fotografie gestaltete sich interessant: sie fuhr mit dem Fahrrad durch New York und machte Hundepflege!

Am 18. Mai 1986, nachdem der Film über Ilse gezeigt war, schrieb Konrad in seinem Dankesbrief: *„Was Ilse am meisten gutgetan hat, ist der Geist, aus dem alle diese Arbeit entspringt; fürs Gute kämpfend ohne sich von Spießern und Egoisten entmutigen zu lassen, gehen Sie alle vorwärts in Politik, Kunst, Lernen und praktischer Tätigkeit...."*

Bei seinem letzten Besuch ging es ihm gesundheitlich nicht sehr gut, trotzdem fuhr er weiter nach Berlin, um seinen alten Freund Sebastian Haffner zu treffen. Zum Abschied sagte er nachdenklich zu mir: „Wenn ich jetzt in Berlin sterbe, dann heißt es in den Lexika: in Berlin geboren, gestorben daselbst. Was dazwischen passiert ist, hätten sie nicht zur Kenntnis genommen!" Kurz darauf starb er in Köln in einem Krankenhaus.

Konrad Wolff

Noch in unserer Detmolder Zeit lernte ich Ilse Drucker, eine jüdische Mühlenbesitzerstochter aus Lemgo, kennen, die damals wegen der Wiedergutmachung der im 3. Reich erlittenen Schäden in Detmold war. Ich hatte von ihrem Schicksal gehört: sie war mit ihrem Mann in Holland bei einem evangelischen Pfarrer untergetaucht. Die Ehe ging kaputt, ihre Eltern und ihre Schwester kamen ins KZ und nur der Vater hat es überlebt. Meine Mutter erzählte, dass Frau Drucker sich nach dem 2. Weltkrieg um deutsche Flüchtlinge gekümmert hatte. Das hat mich zutiefst beeindruckt.

Wir besuchten sie während eines Ferienaufenthaltes in Amsterdam, und für mich entwickelte sich aus diesem ersten Besuch auch eine lebenslange Freundschaft: wir hatten eine rege Korrespondenz, bei der ich ihr auch von meinen Erfahrungen mit meinen Kindern berichtete. Ich bekam auf meine vielen Briefe immer Antworten mit klugen Ratschlägen, die mir guttaten. Am 12. Dezember 1985 schrieb sie mir: *„Es freut mich sehr, dass die letzten Monate für Sie so viel Gutes gebracht haben, nun geht die Saat auf, die Sie gesät haben und mir scheint am allerwichtigsten, dass Ihre Beziehungen zu Ihrem großen*

Chef sich in erstaunlicher Weise entwickeln. Er hat eben Respekt vor Ihrer Lebensleistung und das überbrückt die Parteipolitik."

In der Folge teilte sie mit, dass sie von einer Geschichtslehrerin im Gymnasium in Lemgo zu einem Bericht eingeladen war: *„im Rahmen einer Geschichtsstunde werde ich das erzählen, was die Eltern und Großeltern der Schüler schamhaft verschwiegen haben, wie entsetzlich es damals in Lemgo war. Und die Greueltaten in Holland. Hauptsächlich Fragen beantworten."* Als wir mit der Familie in Wiesbaden lebten, hat sie uns immer besucht, wenn sie von Amsterdam in die Schweiz zu Freunden fuhr. Mein erwachsener Sohn Gerd hat mir vor einiger Zeit, als ich ihm einen Brief von Frau Drucker vorlas, gesagt: „Und ich habe sie so geliebt!" Obgleich sie gar nicht hübsch war und immer mit dem Kopf wackelte, hatte sie eine unglaubliche Ausstrahlungskraft, die uns alle in ihren Bann zog.

Annemarie Dechamps wurde für mich ein Vorbild und eine langjährige gute Freundin, bei der ich mir immer Rat holen konnte. Sie war sehr engagiert in der Sozialarbeit, speziell mit Flüchtlingen. Außerdem organisierte sie Konzertabende und Vorträge in ihrem Haus und Garten. Durch ihren Mann, Bruno Dechamps, der Herausgeber der FAZ war, hatte sie gute Kontakte zur Öffentlichkeitsarbeit, außerdem war sie tätig in ihrer katholischen Gemeinde. Sie hat uns immer besucht, wenn sie in Berlin bei ihrer Tochter war, so dass wir unsere verschiedenen Erfahrungen jedes Mal austauschen konnten.

Annemarie Dechamps

Mit unseren Ärzten hatten wir auch einen besonderen Kontakt: Schon in der Vorstufe des Umzugs nach Wiesbaden lernten wir Angelika Stirn kennen, die praktische Ärztin in Wiesbaden war. Sie hatte die besondere Gabe, gut zuzuhören und die Patienten anzusehen.

Dr. Angelika Stirn

Ihre Ratschläge trugen immer zur Gesundung bei – auch wenn sie keine Medikamente verschrieb. Einmal hatte Martin einen so dicken Fuß, dass er nicht mehr laufen konnte. Der Orthopäde verschrieb ihm wahre „Hammermedikamente", so dass Martin doch lieber noch Angelikas Rat einholen wollte: sie sah sich den Fuß an und fragte: „Was hast Du gestern gemacht?" „Nach der Arbeit habe ich den Rasen gemäht!" Da lachte Angelika und meinte: „Das ist ein Hummelstich – Essigsaure Tonerde tut's auch!" Und siehe da: der Fuß schwoll ab und Martin konnte wieder laufen. Selbst nach Martins Krebsoperation suchten wir Angelikas Rat, der Operateur hatte Chemotherapie und Bestrahlung empfohlen. Da kam Angelika mit einem Stück Fleisch und einer Spritze zu uns und befahl mir: „Jetzt lernst Du spritzen!" Sie empfahl Martin die homöopathische Mispeltherapie mit Iscadurspritzen. Mit dieser Behandlung hat Martin die Krankheit 17 Jahre überlebt! Mit Angelika haben wir noch viele Feste gefeiert und gegenseitig an unserem Leben Anteil genommen.

Godula Bornheim, die als Ärztin Kurse für authogenes Training gab, war eine begabte Künstlerin, die die Gabe hatte, die dargestellten Figuren, in erstaunlichem Maße zu abstrahieren. Viele Beispiele haben wir bei der Sommerausstellung 1974 in unserem Garten gezeigt. Godula hatte auch viel Freude daran, Menschen zusammenzubringen. Bei dem jährlich stattfindenden Adventskaffee, zu dem immer mit einer Karte mit einem Kunstwerk eingeladen wurde, gab es immer einen interessanten kunsthistorischen Vortrag. Die Gäste mussten sich Mühe geben, den Ort der

Dr. Godula Bornheim

abgebildeten Figur zu erkennen. Damit brachte sie ihre Freunde dazu, sich mit den Schönheiten ihrer Umgebung auseinanderzusetzen.

Dr. Peter L. Sprenger .

Eine ähnlich intensive Freundschaft hatten wir mit unserem Hals-Nasen-Ohren-Arzt Peter Sprenger. Er hatte seine Praxis in Wiesbaden neu eröffnet und ich war von unserer Kinderärztin mit Gerd zu ihm geschickt worden, um ihn „zu prüfen". Er behandelte Gerd und erkannte ganz schnell seine Schwierigkeiten! Mit großer Zugewandtheit unterrichtete er mich und gab mir Hinweise für die notwendige Behandlung. Da er allein in Wiesbaden war, lud ich ihn spontan zum Abendessen ein. Er kam erfreut, weil er ja ganz neu in Wiesbaden war. Als Beatrice spätabends plötzlich schrie, bekam er sie auf den

Schoß gesetzt. Da seine Familie noch in Würzburg lebte, bis er sich mit seiner Praxis in Wiesbaden eingewöhnt hatte, war er glücklich, bei uns einen „kleinen Familienanschluss" zu bekommen. Aus dieser ersten Begegnung entwickelte sich auch eine lebenslange Freundschaft, die sich dann auch auf seine Frau und die drei Kinder ausdehnte, die nach einiger Zeit nach Wiesbaden umzogen.

Es waren nicht nur Frauen, die mich in meinem Leben geprägt haben. Mit Dankbarkeit erinnere ich mich an den Chef meiner Mutter in Düsseldorf: Dr. Ludwig Landsberg. Er war ein sehr sensibler und kultivierter Mann, der aus Berlin stammte und in Schlesien wegen seiner jüdischen Herkunft untertauchen musste. In seiner Düsseldorfer Wohnung gab er häufiger Einladungen mit Dichterlesungen, die durch ein Abendessen für die Gäste bereichert wurden. Noch in meiner Lehrzeit rief er mich eines Abends an und fragte, ob ich vielleicht für die Gäste kochen könnte, denn seine Frau wäre dabei nicht so erfolgreich. Ich erklärte mich bereit, aber verlangte, dass seine Frau die Einkäufe machen müsste, weil ich ja den ganzen Tag über im Schneideratelier war. Das

Dr. Ludwig Landsberg

klappte und ich kochte zur Zufriedenheit der Gäste. Anschließend war ich auch zu der Dichterlesung mit Diskussion eingeladen. Ich erinnere mich, dass Ludwig Landsberg mich sehr bestärkte in meinen kritischen Diskussionsbeiträgen. Damit hat er mir viel Mut gemacht, mit dem ich mich bei allen – auch politischen Diskussionen - behaupten konnte.

Dr. Walter Landsberg

Auch aus dieser Freundschaft wurde eine enge Familienfreundschaft mit seinem ältesten Sohn Walter und seiner Frau. Walter war ein einfühlsamer Kinderpsychiater, mit dem man sich immer gut beraten konnte. Durch eigene schwierige Jugenderfahrungen konnte er sich in die jeweilige Situation hineinversetzen und seinem Gegenüber helfen.

Walter hatte mich zu seiner „Schwester" erkoren und damit einen schönen Familienanschluss ermöglicht. Wir haben viele gemeinsame Erfahrungen – auch mit seinen Geschwistern – gemacht. Durch diese Verbindung haben wir sehr liebe weitere Freunde gewonnen, mit denen uns viele Interessen verbinden und die neue Anregungen geben.

Abschied von Wiesbaden und Neubeginn in Potsdam

Für andere kreativ und beharrlich

Maria von Pawelsz-Wolf geht „zurück zu den Wurzeln" / Hilfsverein für Ukraine macht weiter

In einem fast schon leeren Haus, zwischen gepackten Kisten, sitzt Maria von Pawelsz-Wolf und hat trotz Umzugsstress' noch Muße für einen Rückblick. Die Gründerin des Partnerschaftsvereins Wiesbaden-Schierstein/Kamenez-Podolski wird am 15. August, auf den Tag genau 32 Jahre nach dem Einzug ins von Bauingenieur Martin von Pawelsz geplante Wiesbadener Eigenheim, ihren Geburtsort Potsdam ansteuern. „Zurück zu den Wurzeln", sagten sich die 60 Jahre alte Oberstudienrätin und ihr Mann, ein Berliner, der seit zehn Jahren im Ruhestand ist. Es fällt ihnen nicht allzu schwer, die Zelte in Wiesbaden abzubrechen – trotz unzähliger Aktivitäten und eines stets offenen Hauses, das mit der „Kunst im Garten" jahrzehntelang Künstler und Kommunikation sehr unterschiedlicher Menschen förderte, ist ihnen die hessische Mentalität eher fremd geblieben.

„Nach Schierstein zieht man doch nicht", diese Äußerung haben die Pawelsz noch gut im Gedächtnis. Sonnenberg wurde dem aus Münster kommenden Paar empfohlen. Doch die Eheleute entschieden sich für die Heinrich Zille-Straße. Im Ortsbeirat des Stadtteils hat Maria von Pawelsz-Wolf mehr als zehn Jahre gewirkt, war CDU-Fraktionsvorsitzende und CDU-Chefin im Stadtteil. Gerne hätte sich die streitbare und auch ihren Parteifreunden oft unbequeme gewesene Potsdamerin in höheren Ämtern engagiert, empfahl sich für den Landtag. Einmal hat sie den Einzug knapp verfehlt, ein anderes Mal wollten die CDU-Spitzen die Parteifreundin nicht, die immer auch massiv für die Rechte der Frauen eintritt. Ihre nicht überall geliebte Direktheit verhinderte auch den Aufstieg der Lehrerin von Pawelsz-Wolf, ist sich die 60-Jährige sicher. Zwar erfreute sie sich in der Schultze-Delitzsch-Berufsschule größter Wertschätzung, doch ist sie überzeugt, dass ihre Kritik an den „Psychoterror-Methoden" im Studienseminar Spätfolgen hatte. Darüber, „wie Leute fertig gemacht wurden", schrieb sie dem damaligen Kultusminister. Später sei sie bei Bewerbungen stets abgeblitzt. Vielleicht, sinniert die Pädagogin, sei's so gut gewesen – an der Basis habe sie vieles bewirkt.

Der Lehrerin, Schneiderin und Diplomkauffrau, die drei Kinder groß gezogen hat, liegt es am Herzen, jungen Menschen die Werte der Demokratie zu vermitteln, so wie sie es im christlich geprägten Elternhaus gelernt hat. Und mit Jugendlichen will sie auch in Potsdam wieder arbeiten.

Mit Kreativität Hilfe zur Selbsthilfe geben, ist ihr Motto. So verwunderte es nicht, dass sie Anfang der 90er eine auf Kontinuität angelegte Hilfsaktion für Kamenez-Podolski in der Ukraine begann. Ihre Schüler hatten dafür den Anstoß gegeben. Tonnenweise Hilfsgüter wurden seither trotz größter Hindernisse durch die Behörden nach Kamenez-Podolski gebracht, nicht selten saß Martin von Pawelsz am Steuer, der stets das Engagement seiner Frau teilte. Und der Verein sorgte auch dafür, dass Kleinbetriebe aufgebaut werden konnten.

Die Weichen dafür, dass er nach dem Umzug der Gründerin mit ihrer Unterstützung weiter arbeitet, sind gestellt. Mittlerweile gibt es neue Ziele: Etwa das Projekt „Essen auf Füssen" - es wird Geld gesammelt, von dem vor Ort Fleisch und Fett gekauft werden, und ein neuer Partnerverein in Kamenez baut Obst und Gemüse an. Er sorgt dann dafür, dass Bedürftige gut ernährt werden. Die Mahlzeiten werden zu Fuß zu den Empfängern gebracht.

Pawelsz-Wolf zusammen mit dem Delitzsch-Schulleiter auch dafür gesorgt, dass Frauen aus der Ukraine in Wiesbaden die Höhere Handelschule oder die Berufsfachschule Wirtschaft besuchen können. Mit Hilfe der IHK werden die Absolventinnen später in ihrer Heimat in deutsche Zweigbetriebe vermittelt. Wenn es darum geht, Menschen zu helfen, läuft die kreative Potsdamerin zur Höchstform auf.   isa

Mit diesem Artikel nahm der Wiesbadener Kurier Abschied von mir nach langjähriger journalistischerBegleitung

Nachdem Deutschland wiedervereinigt war, wollten wir gern näher in die Gegenden unserer Jugend zurückziehen. Martin wollte nicht zu lange warten und fand es sinnvoll, wenn ich mich beizeiten pensionieren lassen würde. Da meine Mutter schon

1994 nach Potsdam in das Haus ihrer Mutter, das mein Bruder von allen Erben abge-
kauft hatte, gezogen war, und ich nach einer Hüft-OP schon etwas behindert war, beschloss ich, mich mit 60 Jahren pensionieren zu lassen.

das letzte Familienbild mit Kindern und der ersten Enkelin
Zoe in Wiesbaden-Schierstein, Heinrich-Zille-Str. 10

Jetzt ging es um unser Familienhaus in der Wiesbadener Heinrich-Zille-Straße. Wir fragten unsere Kinder, ob sie Interesse an dem Haus hätten. Das verneinten alle Drei, weil sie inzwischen in Berlin bzw. Hamburg wohnten bzw. studierten. Also traten wir einem Verkauf näher. Wir wollten einem möglichen Käufer die Maklerkosten ersparen und boten das Haus erst einmal über Zeitungsannoncen an. Das gestaltete sich aber schwieriger als gedacht. Zum Schluss wurde das Haus an zwei junge Männer über einen Makler verkauft. Im Kaufvertrag entdeckten wir, dass der eine Käufer Jungfrau wie Martin und der andere Wasser-mann wie ich war, da meinten wir, das kann nur gutgehen! Auch nach dem Verkauf halten wir einen guten Kontakt miteinander und sind immer bei ihnen eingeladen, wenn wir in Wiesbaden sind.

Unsere vielen Wiesbadener Freunde konnten es nicht verstehen, dass wir Wiesbaden nach 32 schönen und interessanten Jahren verlassen wollten, wir aber sahen fröhlich in eine neue Herausforderung nach der Wohnortänderung und versicherten allen Zurückbleibenden, dass wir die Kontakte auf jeden Fall erhalten werden.

Wir wollten gern noch einmal einen neuen Anfang im Alter machen und empfanden das als eine wunderbare Herausforderung, die uns durchaus gut tat!

Im August 1999 sind wir dann aus dem Wiesbadener Haus ausgezogen: alles wurde durch einen Spediteur in ein Potsdamer Lager verfrachtet, weil unsere gekaufte Eigentumswohnung noch nicht fertig renoviert war. Im Dezember konnten wir endlich einziehen und mussten uns zuerst mit dem Zusammenbau neuer IKEA-Möbel beschäftigen, weil wir vieles im Wiesbadener Haus gelassen hatten.

Leiblstr. 26 in Potsdam gegenüber dem Holländischen Viertel

Allmählich fühlten wir uns wohl in unserer geräumigen Wohnung direkt am Holländischen Viertel, nahe an allen Einkaufsmöglichkeiten und dem Ernst-von-Bergmann-Krankenhaus.

Neben den familiären Kontakten zu meiner Mutter und meinem Bruder Andreas hatten wir sehr schnell Verbindung zur Potsdamer Subkommende der Johanniter. Viele Ritterbrüder waren auch erst nach der Wende nach Potsdam umgezogen, weil sie entweder alte familiäre Bindungen hatten oder berufliche Arbeiten bei der Treuhand oder beim neuen Aufbau der Regierung fanden.

Außerdem meldete sich eine Klassenkameradin aus der Potsdamer Grundschulklasse bei mir. Sie hat auch andere alte Mitschülerinnen gefunden. Seitdem treffen wir uns einmal im Jahr und tauschen immer wieder Erfahrungen aus.

Bei verschiedenen Einladungen lernten wir auch alte Potsdamer kennen, die während der DDR-Zeit in Potsdam gelebt hatten. Martin erzählte mir nach einer solchen Einladung, dass er neben einer Kabarettistin gesessen hatte, mit der er sich wunderbar unterhalten hatte. Ich wollte ihm das nicht glauben. Aber es stimmte: es war die

Kabarettistin Barbara Kuster, der wir uns in ihrem Engagement für unsere gemeinsame Heimatstadt Potsdam anschlossen.

Mit ihr zusammen demonstrierten wir gegen Potsdamer "DDR-Neubürger Potsdams" (viele waren Mitarbeiter des Zolls, der Staatssicherheit und weitere DDR- Angestellte) für die Wiederherstellung der alten Potsdamer Mitte mit dem Wiederaufbau des Potsdamer Stadtschlosses. Wir gründeten das Bürgerbündnis "Mitte-

Potsdamer Trümmerfrauen: rechts Barbara Kuster – links MvP

schön" und riefen immer von neuem zu Demonstrationen auf. Es ist erstaunlich, dass heute auch die Bürger, die massiv gegen den Wiederaufbau des Stadtschlosses waren, es heute als das „Landtagsschloss" bejubeln!

Ein weiteres Projekt für unser Engagement ist der Wiederaufbau der Garnisonkirche, deren wiederaufbaumögliche Ruinen von der DDR 1968 gesprengt worden waren. Die Garnisonkirche war die schönste Barockkirche Norddeutschlands und gehört absolut in das Potsdamer Stadtbild. Wir setzen uns dafür ein, dass sie eines Tages das Potsdamer Stadtbild wieder schmückt wie die Dresdner Frauenkirche in Dresden.

Für die älteren Bürger der Stadt Potsdam engagierte ich mich im Seniorenbeirat der Stadt Potsdam. Das war eine interessante Arbeit, bei der ich meine Erfahrungen aus der Wiesbadener Zeit einbringen konnte. Leider entdeckte die Potsdamer CDU, deren Mitglied ich nach der Ummeldung von Wiesbaden ja auch bin, dass sie lieber einen CDU-Ostbürger dorthin entsenden wollte. In der Potsdamer CDU gab es eine Gemengelage von ehemaligen Ost-CDU-Bürgern und aus dem Westen zugezogenen CDU-Bürgern. Das Zusammenwachsen war schwierig. Es fehlte wohl auch noch das

Interesse, einander zuzuhören und mehr Verständnis für die gemachten Erfahrungen in den unterschiedlichen Landesteilen aufzubringen.

2007 wurde ich aufgefordert, für den CDU-Kreisvorstand zu kandidieren. Mit zwei zwei anderen jüngeren „Powerfrauen" war es gelungen, dass wir in den Potsdamer Kreisvorstand gewählt wurden. In dieser Zeit habe ich die beiden jungen CDU-Frauen (im Alter meiner jüngsten Tochter) Maike Dencker und Claudia Rahn kennengelernt, deren Engagement und Einsatz ich

Maike Dencker und Claudia Rahn mit mir

bis heute sehr schätze. Ihnen ging es nicht um die persönliche Karriere, sondern um den Neuaufbau der verkrusteten Strukturen. Als Maike Dencker Stadtverordnete war, bat sie mich, sie als sachkundige Einwohnerin im Gesundheits- und Sozialausschuss der Stadt zu begleiten. Das war eine interessante Arbeit, weil ich in diesem Ausschuss auch die Politiker der anderen Parteien kennenlernte. Zum Wohl unserer Mitbürger konnten wir gemeinsam die beste Lösung erarbeiten.

Leider sind die „alten" CDU-Mitglieder immer noch in der Überzahl und „bekämpfen" die Erneuerer, die sich Gedanken zu neuen notwendigen und der Zeit passenden Wege machen, auf unangenehme Weise, so dass es bisher nicht gelungen ist, die CDU-Potsdam zur stärksten Partei in der Stadt zu machen, obwohl Potsdam z. B. heute viele konservative Mitbürger durch den Zuzug von Menschen aus Westdeutschland hat und viele alteingesessene Bürger Helmut Kohl immer noch dankbar sind, dass mit ihm die Wiedervereinigung gekommen ist.

Eine schöne Aufgabe bei der Landes-CDU habe ich immer noch: beim jährlichen Landesparteitag darf ich den nach meinem Vater als ersten Landesvorsitzenden benannten „Dr. Wilhelm Wolf – Ehrenamtspreis" an ausgewählte Bürger überreichen.

2005 wurde ich von Volker Heinz, einem Freund meines Bruders Andreas, gefragt, ob ich in der von ihm gegründeten Temple Stiftung ehrenamtlich mitarbeiten würde. Die Temple Stiftung war eine deutsch-englische Vereinigung, die es sich zur Aufgabe gemacht hatte, für ein besseres Verständnis deutschen und englischen jungen Juristen mit einem Stipendium die Möglichkeit zu geben, im jeweiligen Nachbarland einige Monate die juristische Arbeit an verschiedenen Institutionen zu studieren. Im Stiftungsrat saßen auf der englischen Seite Dame Elizabeth Butler-Sloss und Sir Konrad Schiemann, der im Court of Justice of the European Communities arbeitete. Auf deutscher Seite lernte ich Dr. Gebhardt Graf von Moltke und Hellmuth C. Graf von Moltke kennen. Volker Heinz war Chairman der Stiftung. Wir waren auch einmal zu einer Sitzung der Stiftung in Kreisau, dem ehemaligen Gut der Moltkes in Schlesien.

Ich hatte die Aufgabe, mich darum zu kümmern, dass die Engländer auch etwas vom Leben in Deutschland erfahren konnten. Da wir ja immer ein gastfreies Haus hatten, lud ich die Engländer auch mit Eltern, die sie hierher begleiteten, zum Essen zu uns unter den Kronleuchter ein. Das waren interessante Begegnungen, die leider nach einigen Jahren beendet wurden, weil zu wenig junge Engländer Interesse an Deutschland zeigten. In umgekehrter Richtung war das Interesse größer. Aber unser Ziel war ja der Austausch!

Bei einer Ausschreibung der Stadt Potsdam für engagierte Jugendarbeit, die von der EU finanziert wurde, durfte ich die Person mit auswählen, von der wir den Eindruck hatten, dass sie neue Wege finden würde, um junge Menschen, die am Rande der Gesellschaft standen, wieder ins Boot zu holen. Die jungen Menschen hatten Probleme mit ihren Eltern, waren Alkoholiker geworden, hatten die Ausbildung abgebrochen, Kinder bekommen und waren nicht vermittelbar. Wir sprachen uns für Ricarda Fuchs aus, die Erfahrungen aus der Telefonseelsorge und der Jugendarbeit mitbrachte und unkonventionelle Wege aufzeigte. Dieser Arbeit habe ich mich ehrenamtlich angeschlossen. Wir erlebten Höhen und Tiefen und mussten uns selbst immer wieder motivieren weiterzuarbeiten! Für die kleinsten Erfolge waren wir dankbar. Leider ist die Arbeit aus finanziellen Gründen jetzt eingestellt.

In der Potsdamer Johanniter-Subkommende haben Martin und ich kleine Aufgaben übernommen, die ich jetzt auch weiter durchführe: Bei der Adventsfeier für den Verein der Multiple-Sklerose-Behinderten lasen wir früher im Duett lustige, aber auch nachdenkliche Weihnachtsgeschichten. Es macht Freude, wenn die Zuhörer nachdenklich geworden sind und sich hinterher freundlich bedanken und sich auf das nächste Jahr freuen. Im Johanniterquartier – einem gehobenen Altersheim - helfe ich bei der Gestaltung eines monatlichen Nachmittags durch Vorträge mit Diskussionen, damit die Senioren weiter am Leben teilnehmen!

| Text|Foto: Friedhelm Koch |

Seit 10 Jahren, engagiere ich mich als Zeitzeugin in dem ehemaligen Gefängnis

Die Schüler mit ihren Religionslehrern Wolfgang Henkel und Friedhelm Koch, dem Zeitzeugen

„Lindenstrasse" in Potsdam: einmal im Jahr kommt ein Religionskurs vom Gymnasium Schloss Wittgenstein in Bad Laasphe zum Abschluss der Exkursion zum Thema „Juden in Deutschland" mit zwei Lehrern, um hier etwas über das Leben in der ehemaligen DDR zu erfahren. Nach der Besichtigung gibt es jedes Mal eine interessante Diskussion. Die Lehrer berichten mir immer, dass die Schüler sehr nachdenklich nach Hause zurückfahren.

Nachdem viele Flüchtlinge nach Potsdam gekommen sind, ergaben sich neue ehrenamtliche Aufgaben. Gleich am Anfang habe ich mich für die Betreuung von Flüchtlingen gemeldet. Da habe ich schon Erfahrungen mit Vietnamesen, Tschetschenen und Afghanen gemacht. Bei der afghanischen Familie geht es nicht nur um Deutsch-Unterricht für die Kinder, sondern auch um Unterstützung der engagierten und liebevollen Mutter bei ihrer Deutschprüfung und den Erziehungsaufgaben bis zu Elternsprechstunden in der Schule ihrer Kinder.

Bei der Hilfe für die Mutter bin ich sehr nachdenklich über den Deutschunterricht für die Flüchtlinge geworden. Als erstes müssen die Menschen unsere Schrift schreiben und lesen lernen. Dann bekommen sie Bücher mit Aufgaben, die nur schwer verständlich sind. Selbst ich hatte, obgleich ich ein Hochschulexamen besaß, häufig Schwierigkeiten, die richtige Antwort auf die gestellten Fragen bei einer multiple-choice-Aufgabe zu finden. Warum machen wir es den Menschen, die willig sind und sich nach einer dramatischen Flucht in Deutschland einbringen wollen, um ein neues Zuhause zu finden oder später mit dem Erlernten in die Heimat zurückkehren wollen, so schwer???

Diese ehrenamtliche Arbeit macht mir viel Freude, weil ich eigene Erfahrungen weitergeben kann und auch von meinen Schützlingen lernen kann!

Veranstaltungen in unserer neuen Wohnung in Potsdam

In Erinnerung an unsere Kunstausstellungen in Wiesbaden haben wir uns überlegt, wie wir in Potsdam Menschen zu Veranstaltungen in unserer Wohnung einladen könnten. Über das Leben unserer jüdischen Freundin Gerti Meyer-Jörgensen hatte Crissy Hemming für das ZDF einen Film gedreht: „Hier ist meine Heimat – hier bin ich zu Hause". Da wir in Gesprächen erkannt hatten, dass der Nationalsozialismus in der DDR wenig thematisiert war, wollten wir zu einer besseren Kenntnis der deutschen Vergangenheit beitragen und veranstalteten mehrere Abende für die Menschen, die wir in Potsdam neu kennengelernt hatten.

Gerti Meyer-Jörgensen und ihr Mann Paul Meyer, ein Kölner Jude, der als Kind nach England geflohen war, kamen mehrmals extra aus Wiesbaden zu unseren Einladungen: Wir sahen zuerst den Film über Gertis Leben:

„Hier sind meine Wurzeln, hier bin ich zu Haus"

und dann stand Gerti auf und sagte: „Jetzt können Sie mich alles fragen, was Sie über die Juden und das Dritte Reich wissen wollen!" Es gab viele Fragen zu ihrem Leben und ihrer Vergangenheit, dem schlossen sich intensive Diskussionen an. Für unsere Gäste war es ein großes Erlebnis, so direkt eine Zeitzeugin zu erleben, die Auskunft über die Erfahrungen im Dritten Reich geben konnte. Es kam uns vor wie ein Ritt durch die ganze Welt von Deutschland über China, Südafrika, Amerika, England. Aus

Sehnsucht kam sie nach aufregenden Jahren wieder in Mainz an. Ihre Mutter war nach ihrer Flucht ins KZ gekommen und vergast.

Bei einem Besuch von Gerti und Paul Meyer baten sie mich, mit ihnen in das Holocaust-Mahnmal am Brandenburger Tor zu fahren. Zu Beginn der Besichtigung sah man Fotos aus Holland, wo Juden in die Züge zum KZ Auschwitz zur späteren Vergasung getrieben wurden. Ich wusste, dass Pauls Eltern und seine Großmutter nach ihrer Flucht von Köln aus Holland verschleppt worden waren.

Gerti Meyer-Jörgensen

Mir blieb die Luft weg bei dem Gedanken, dass Paul vielleicht seine Eltern auf den Fotos erkennen könnte. Er sagte nichts. Zum Schluss ging Gerti noch zu einem Tisch, bei dem man Auskunft über den Verbleib von Verwandten bekommen konnte. Sie fragte nach ihrer Mutter und bekam eine Antwort mit dem genauen Ort und Datum und Zeit der Vergasung ihrer Mutter. Das war für mich eine erschreckende deutsche Genauigkeit.

Paul Meyer

Gerti und Paul waren fünfmal bei uns zu solchen Diskussionsabenden, weil es ihnen so wichtig war, dass auch die Menschen aus der ehemaligen DDR anhand von persönlichen   Schicksalen über die Nazizeit aufgeklärt wurden, damit in Deutschland – und sie fühlten sich weiter als Deutsche – auch wenn Paul die englische Staatsbürgerschaft angenommen hatte – nie wieder eine solche Diktatur entstehen könnte. Martin und ich hatten den Eindruck, dass alle unsere Gäste sehr beeindruckt waren von dem Engagement der beiden und diese Warnung verstanden haben.

Auf Vermittlung von Gerti haben wir die Journalistin Sabine Bode zu einer Lesung aus ihrem Buch „Die Kriegskinder" eingeladen. Dieser Abend war praktisch eine Folge der durch Gertis Lebensgeschichte gewonnenen Erkenntnisse und weitreichende Folgen des Nationalsozialismus. Besonders notwendig wird es, sich mit den Folgen der Zeit des Krieges auseinanderzusetzen, denn die Aussage des Buches ist: wenn man nicht über all das spricht, was passiert ist, dann werden die Nach- kommen bis ins dritte und vierte Glied davon verfolgt, auch wenn sie es selbst gar nicht erlebt haben.

 Um die Vergangenheit im 20. Jahrhundert in Deutschland aufzuarbeiten, haben wir mehrere Abende mit Lesungen von Wibke Bruhns aus ihrem Buch „Meines Vaters Land" veranstaltet.

Wibke Bruhns

Wibke hat die Kapitel bei den Lesungen immer wieder anders zusammengestellt. Bei den anschließenden Diskussionen hatten wir immer den Eindruck: in dem Buch wird die geschichtliche Entwicklung der ersten Hälfte des 20. Jahrhunderts anhand einer Familienge- schichte dargestellt. Anders als bei der Darstellung reiner Fakten kann man leichter nachvollziehen, wie es langsam zur Diktatur durch den Nationalsozialis- mus kam. Unsere verschiedenen Gäste bestärkten uns, diese Erinnerungsarbeit weiter zu machen, da- mit die Bürger genauer darauf achten, was in ihrem Land geschieht.

Da die Meyers und Wibke Bruhns nicht mehr leben, habe ich mir vorgenommen, als Zeitzeugin in Schulen und zu anderen Gruppen von jungen Menschen zu gehen, um ihnen meine Erfahrungen weiterzugeben und sie auf die Verantwortung hinzuweisen, die jeder einzelne von ihnen trägt, damit wir alle weiter in Freiheit leben können. Aus meiner langjährigen beruflichen Tätigkeit weiß ich, dass man junge Menschen im di- rekten Gespräch durchaus für die Vergangenheit interessieren kann. Es ergibt sich dabei auch immer wieder die Möglichkeit, sie aufzufordern, die Eltern und Großeltern zu befragen und auch aus deren Lebenserfahrungen zu lernen. Damit lässt sich sogar das gegenseitige Interesse fördern: Die Jungen können ihre neuen Kenntnisse im di- gitalen Bereich weitergeben und ihre Altvorderen durchaus darin unterrichten und die Alten haben die Möglichkeit, neue Erfahrungen zu machen und ihr Gehirn zu trainieren!

Es ist so wichtig, das Miteinander der Generationen zu stärken. Das ist eine gute Möglichkeit, den Frieden in unserer Welt für die zukünftigen Generationen zu erhalten.

Erinnerungen an Erlebnisse mit unseren Kindern

Im Rückblick auf unsere Ferien kann ich mich daran erinnern, dass unsere Kinder uns häufig vorwarfen, dass sie nach den Ferien nicht wie ihre Klassenkameraden große Geschichten über spannende Auslandserfahrungen erzählen konnten, weil wir ja nur langweilig in den Ferienwohnungen von Freunden Urlaub gemacht hatten. Wir waren auch nicht fein ausgegangen, sondern ich habe immer selbst gekocht und sie mussten helfen!

Wir fuhren nach Saalfelden in Österreich und wohnten im Ferienhaus unserer Berliner Freunde Kobow und trafen dort auch im Nachbarhaus deren Kinder und Enkel. Es gab den Bauernhof, den sie besuchten, um Milch zu holen und einmal auch eine Kalbsgeburt mitzuerleben. Von dort machten wir kleine Ausflüge und erkundeten die Landschaft.

Ferienhaus unserer Freunde Kobow

Ein weiteres Ziel war die Ostsee: dort hatte meine Mutter eine kleine Ferienwohnung, die wir auch besuchen durften. Auch diese Ferien waren gesund aber nicht spektakulär.

Dann hatten Martin und ich die Idee, mit den beiden Töchtern eine Radtour nach Süddeutschland zu machen. Wir hatten nur ganz wenig Gepäck dabei und radelten zu vorher ausgesuchten Zielen: auf der Landkarte sah alles sehr einfach und gerade aus – aber in der Wirklichkeit mussten steile Anfahrten überwunden werden. Besonders für Bea war es sehr anstrengend, weil sie ein kleines Rad hatte. Häufig musste Martin sein Rad stehen lassen und zurückgehen, um den Anstieg mit Bea und ihrem Rad zu bewältigen. Auf dieser Radtour haben wir drei Festspiele besucht: „Jedermann" auf den Treppenstufen von Schwäbisch-Hall, „Salomé" in Weikersheim und das Torturmtheater in Sommerhausen. Jeder von uns hatte ein feines „Gewandel" im Fahrradgepäck, so dass wir wie aus dem „Ei gepellt" zur Aufführung gingen. Die Reise endete in Gut Greußenheim, auf dem Hof meines Vetters Just-Hinrich v. Rümker, wo die Mädchen noch sämtliche Kornsorten kennenlernten. Die einzige Panne hatten wir an der Schiersteiner Brücke kurz bevor wir wieder zu Hause waren.

Danach nahmen wir uns die Vorhaltungen der Kinder zu Herzen und reisten im nächsten Sommer nach England zu einer B & B-Tour. Wir fuhren mit unseren beiden Töchtern mit der Fähre nach Dover und hatten die erste Nacht in einem Hotel vorbestellt. Von dort aus machten wir ungeplant nach vielen Besichtigungen Pausen. An diese Reise kann ich mich gut erinnern: überall wollten unsere Kinder etwas einkaufen: das nahm überhand, so dass wir jedem Kind 5 englische Pfund zur freien Verfügung in die Hand gaben mit der Ansage: „das Geld könnt Ihr sofort in Eis verwandeln oder das kaufen, was Ihr wollt! Mehr gibt es auf dieser Reise nicht!" Der Erfolg war, dass sie überall prüften, ob es nicht vielleicht noch ein „Schnäppchen gäbe! Auf der Fähre nach Deutschland musste ich das Restgeld in deutsches Geld zurücktauschen! Heute frage ich mich, ob sie bei dieser Reise gelernt haben, sinnvoll mit Geld umzugehen???

Die ungeplanten Übernachtungsorte waren sehr lehrreich für uns alle: Die englischen Gastgeber hatten Freude daran, uns beim Frühstück über ihr Land und Leben zu erzählen. Das waren Erfahrungen, die man nicht unbedingt in einem Buch lesen kann.

Es gab auch lustige Momente mit Tieren, wenn wir etwas länger an einem Ort blieben. Insgesamt waren das viele neue Eindrücke.

Auf dieser Reise besuchten wir auch meine Patentante Maria Mootham und ihren Mann, Sir Orby, der von der Queen geadelt war, weil er nach der britischen Kolonialzeit auf Bitten von Nehru als oberster Richter bis zu seiner Pensionierung in Indien geblieben war. Jetzt wohnten sie im „Inner Temple" mitten in London, einem speziellen Wohngebiet nur für pensionierte Juristen. Sie erzählten uns viel von ihren Erfahrungen in Indien.

Sir Orby Mootham

Außerdem machten wir einen Besuch bei dem ehemaligen englischen Abgeordneten Sir John Page, den meine Mutter im Europaparlament kennengelernt hatte, und seiner Frau Anne. Ihr jüngster Sohn Rupert war einmal bei uns in Wiesbaden und Gerd war dann bei Pages in England, um sein Englisch zu verbessern. Wir waren sehr beeindruckt von dem Anwesen der Pages, von dem man den direkten Blick auf Schloss Windsor hatte. Wir haben sie jedes Mal, wenn wir in England waren, besucht und auf diese Weise viel erlebt: einmal nahmen sie uns sogar mit zu einem Pferderennen, bei dem ich mitwettete und danach von meinem Gewinn alle zum Essen einladen konnte.

In London besuchten wir auch regelmäßig Charles und Pam Sebag-Montefiore, die Gasteltern unserer Töchter Bea und später auch Isa als Au – Pair - Mädchen waren. Charles war ehrenamtlich neben seiner beruflichen Tätigkeit in der Wirtschaft Treuhänder der Nationalgalerie und nahm unsere Töchter auch mit zu Ausstellungseröffnungen. Er sammelte Bücher zum Thema bildender und dekorativer Kunst. Ich erinnere mich daran, dass es unendlich viele Bücher im Haus gab – sogar auf dem WC! Pam unterrichtete unsere Töchter in Englisch.

Bei ihnen lernten wir auch Pams berühmte Tante, Aunt Alison Tennant, eine politische Freundin meiner Mutter aus Straßburg, kennen. Aunt Alison hatte nach dem 2. Weltkrieg sofort Deutsch gelernt, denn sie fand, man müsse die Sprache seiner Feinde kennen! Sie lud uns bei einem unserer Besuche in London zu einem Abendessen mit jüdischen Freunden, die aus Wiesbaden stammten, ein. Es gab interessante politische Gespräche, in denen die Freunde von ihrer Vergangenheit berichteten und interessiert waren, wie es heute in Wiesbaden zugeht.

Die ganze Familie in Penzance

Im folgenden Jahr fuhren wir diesmal mit unseren drei Kindern noch einmal nach England und wohnten 14 Tage in Bristol in der Wohnung unseres Maler-Freundes Paul Feiler. Anschließend daran waren wir noch in Penzance und machten verschiedene Ausflüge in Cornwall, unter anderem auch nach St. Ives, wo wir weitere Künstler kennen lernten. In Paul und Catherines Haus, the „Old Chapel"

– ein Haus voller Gemälde, feierten wir erinnerungsreiche Feste.

Von Potsdam aus haben Gerd, Isabel und Beatrice Martin und mich als Geschenk zu einer Flugreise nach **Barcelona** eingeladen:

Die von Gaudi entworfene Sagrada Familia, an der immer noch gebaut wird, hat uns unglaublich beeindruckt. Wir stellten uns Konzerte dort vor mit einer grandiosen Akustik. Die Reise ist ein unvergessliches Erlebnis für uns gewesen!

Isabel hatte die Fäden in der Hand: sie hatte eine Ferienwohnung für die Unterbringung besorgt und für alle Fahrkarten und Eintrittskarten gesorgt. Wir mussten alle

Karten durch die Schranke gegangen waren!! Mit Ausflugsbussen lernten wir die Stadt kennen und sahen viele weitere interessante Bauwerke, die Gaudi erbaut hatte. Besonders für Martin als Architekt war diese wunderbare Kirche ein Erlebnis. Wir haben drei erfüllte Tage in Barcelona verbracht, die uns mit großer Dankbarkeit erfüllten.

Isabel, Maria, Martin und Gerd machen eine Besichtigungspause

Familienfahrt an die Ostsee zur Erinnerung an Martins Herkunft ausPommern

Später haben die Kinder uns noch einmal zu einem verlängerten Wochenende an die Ostsee eingeladen. Sie hatten ein Hotel in Usedom ausgesucht. Von dort sind wir dann einen Tag lang nach

Stettin/Polen gefahren, weil Martins Geburtsort Stolp jetzt in Polen liegt. Mit viel Vergnügen haben wir dort eine Stadtrundfahrt mit einem Pferdewagen gemacht. Obgleich es für Martin mit dem Laufen schwierig war, ist er tapfer auf den Pferdewagen rauf- und runtergestiegen, weil er alles besichtigen wollte.

Martin genoss die gute Ostseeluft, während er auf einer Landungsbrücke saß und die Kinder bei ihrer Wanderung am Meeresufer beobachtete. Anschließend wurde er auch von einem Kind durch die Landschaft geschoben.

Wir hatten auch viel Vergnügen an den mitgebrachten Gesellschaftsspielen im Hotel!

Zum Abschied der Reise sind wir noch nach Binz auf Rügen gefahren, weil Martin Erinnerungen an eine Reise mit seiner Mutter und Großmutter nach Binz aus seiner Jugend hatte.

Familienfeiern

Das Jubelpaar auf dem Weg zur Christophoruskirche

Nicht nur die Reisen haben uns als Familie sehr bereichert, sondern auch die vielen Feste, die wir gemeinsam gefeiert haben. Ich denke mit Freude an unsere Silberhochzeit, die wir in Schierstein zuerst in der Kirche mit einer wunderschönen Andacht gefeiert haben: wir zogen in die mit Freunden und Verwandten gefüllte und von einer Nachbarin geschmückte Kirche unter Orgel- Trompeten-Musik ein. Martins Ritterbruder Professor Böcher hielt die Predigt zu unserem in der Hochzeitsbibel aufgeschriebenen Trauspruch „Fürchte Dich nicht, Friede sei mit Dir, sei getrost, sei getrost!" Propst Grüber hatte die Tageslosung unseres Hochzeitstages ohne weitere Angabe über den Ort des Verses in die Bibel geschrieben. Professor Böcher hatte mir gesagt:

„den Ort finde ich schon heraus!" In seiner Predigt sagte er dann zu den Zuhörern allerdings: „Wenn Sie heute Nachmittag in der Bibel nachlesen, dann heißt es dort: „Fürchte Dich nicht, **Du lieber Mann**, Friede sei mit Dir, sei getrost, sei getrost!" Da brach bei der ganzen Gemeinde ein schallendes Gelächter los!! Er hielt uns dann eine wunderbare, nachdenkliche Ansprache, die auch für unsere weiteren Ehejahre gedacht war. Alle unsere Gäste waren sehr beeindruckt von dem Gottesdienst in der schönen Schiersteiner Barockkirche, die unsere Nachbarin Mechtild Sachs als Geschenk wunderschön geschmückt hatte. Zu unser aller Freude gab es noch zwei Musikstücke von Bach mit der Orgel und der Trompete.

Als wir nach dem Gottesdienst mit dem Pfarrer als erste die Kirche verließen, empfingen unsere Kinder uns mit einem Reissegen! Dann kamen alle Gottesdienstbesucher und hatten auch ihre Freude am unterschiedlichen Aussehen der Kinder!

Nach den Gratulationen unserer Freunde fuhren wir mit klappernden Blechbüchsen durch Schierstein nach Hause in die Heinrich-Zille-Straße 10.

Gerd - Isabel – Beatrice
erwarten uns vor der Kirche

Dort gab es in unserem Garten einen großen Empfang für die vielen Gäste, die eigentlich bis 15 Uhr geladen waren. Aber es gefiel ihnen so gut, dass sie viel länger blieben. Martin zog sich dann in sein Bett zurück, weil wir abends in unserem Wohnzimmer noch zu einem Abendessen für unsere Verwandten und die engsten Freunde eingeladen hatten. Unsere Trauzeugin Ute ließ einen bunten Blumenstrauß herumgehen, aus dem jeder Gast sich eine Blume oder einen Zweig nehmen konnte, um uns etwas „durch die Blume" zu sagen. Danach trug Isabel noch ein Gedicht vor, in dem sie die 25 Jahre unserer Ehe in 25 Strophen bedichtet hatte. Illo, ein geliebter Verwandter von Martin, sagte mir am nächsten Morgen: „Es war ein großes Erntedankfest!" Dieses wunderbare Fest der Silberhochzeit war auch Schnittpunkt im Familienleben, weil alle drei Kinder mit einem neuen Ausdungsschritt begannen und ihren Wohnort veränderten. Gerd ging nach Berlin zum Studium und Isa ging als au-Pair-Mädchen nach Frankreich. Nur Bea war noch zu Hause.

In den folgenden Jahren feierten wir viele Feste in Schloss Seehaus in Franken, das unsere Freunde Kobow aus Berlin noch zu DDR-Zeiten in erbärmlichem Zustand gekauft hatten. Das Besondere aller Feste dort war, dass es immer ein Konzert gab. Durch ihren Enkel Jan Kobow, einen bekannten Tenor, kamen viele Musiker gern nach Schloss Seehaus, um dort aufzutreten.

Wir waren dort zum 70. Geburtstag meiner Mutter im Jahr 1982 mit vielen Verwandten und Wegbegleitern meiner Mutter, die uns vieles über ihr Leben berichten konnten.

Beim 40. Hochzeitstag 2002 und im Jahr 2014 bei der wegen Martins Krankheit verschobenen Goldenen Hochzeit hatten wir sehr eindrucksvolle Gottesdienste. Ulrike Holle, eine langjährige Familienfreundin sprach über unsere vielen Ehejahre, in denen wir trotz der abnehmenden Kräfte voller Dankbarkeit vieles gemeinsam unternehmen konnten und vor allem mit vielen Freunden zusammen feiern durften.

Unsere Kinder und andere liebe Verwandte hatten die Feier in Schloss Seehaus vorbereitet. Wie immer gab es ein Konzert nach dem Gottesdienst und anschließend das feierliche Abendessen im Zehntsaal mit vielen Reden und einem Bildervortrag von unseren Kindern. Die Enkelinnen hatten eine köstliche Hochzeitstorte für uns gebacken, die wir dann mit allen Teilnehmern essen konnten.

Das Goldpaar mit den Nachkommen

Wir haben nicht nur zu freudigen Anlässen Feste gefeiert, sondern haben diese Erfahrungen des festlichen Zusammenseins auch bei traurigen Anlässen gemacht.

Aufgrund seines hohen Alters wurden Martins Kräfte weniger. Aber wir alle waren dankbar, dass er mit klarem Kopf an allen Geschehnissen teilnehmen konnte. Viele ältere und junge Freunde besuchten uns und freuten sich an Martins wachen Augen und dem Gespräch mit ihm.

Nachdem Martin am 19. Dezember 2017 in der Nacht ganz friedlich eingeschlafen war, waren wir natürlich zuerst sprachlos und sehr traurig – aber auch dankbar, dass er keine Schmerzen mehr erleiden musste und zu Hause in seinem Bett in den frühen Morgenstunden einschlafen durfte. Bei einer Aussegnungsfeier mit seinem Ritterbruder Dr. Zehner konnten wir in einem Freundeskreis an seinem Bett von ihm Abschied nehmen. Es war eine wunderbare und friedliche Stimmung! Jeder, der noch einmal allein Abschied nehmen wollte, konnte das auch tun.

Unsere Kinder hatten sich überlegt, dass sie für unsere vielen Freunde den Abschied so gestalten wollten, wie ihr Vater es sich gewünscht hätte. Die Trauernachricht wurde ganz unkonventionell mit einem kurz vor seinem Tod an der Ostsee von mir aufgenommenem Bild und mit einem Jugendstil- Rahmen, den unsere

Enkelin Zoe gemalt hatte, wie Martin früher unsere Einladungen gestaltet hatte, geschmückt. Der Trauergottesdienst wurde mit vielen Liedern und Flöten- und Orgelmusik, gespielt von Freunden, und einer warmherzigen Predigt von Dr. Zehner gehalten, der Martin bestimmt Freude gemacht hätte. Anschließend waren alle Teilnehmer zu einem Zusammensein eingeladen. Dazu hatten die Kinder eine Diashow über Martins Leben vom Kleinkind bis ins hohe Alter zusammengestellt, die die ganze Zeit lief. Gerd begrüßte die Gäste kurz und Isabel trug ein Gedicht auf ihren Vater vor, das sie gedichtet hatte. Es gab ein für alle Beteiligten sehr schönes Zusammensein ganz in Martins Sinn, so dass wir alle den Gedanken hatten: es war keine Trauerfeier, sondern eine Dankes- und Abschiedsfeier...... und viele hatten das Gefühl: gleich geht die Tür auf und Martin tritt vergnügt wie immer ein!

Treffen der Nachkommen aus der Großfamilie von Velsen

Vor einigen Jahren waren wir in Potsdam eingeladen. Da setzte sich eine Dame neben mich und stellte sich vor: „Kalckreuth!" Ich guckte sie an und sagte: „ich hatte eine Tante, die hieß Annemarie Kalckreuth." „Das ist meine Großmutter!" erwiderte sie. „Dann sind wir ja verwandt!" „Ja, und ich habe auch noch einige Geschwister hier in Berlin!" Nach diesem ersten Treffen dachte ich an meine Großmutter Wilhelmine Engel, geborene von Velsen, die hier in Potsdam nach dem 1. Weltkrieg als Witwe mit ihren Kindern ein Haus in der Berliner Vorstadt bezog. Da sie ein geliebter Mittelpunkt ihrer Großfamilie von Velsen war, wurde sie immer besucht, wenn Verwandte von Ost nach West oder von Nord nach Süd und umgekehrt reisten. Da ich ja auch ein Familienmensch bin und nach unserer Flucht aus Potsdam an der Hand meiner Mutter, die Arbeit in der Bundesrepublik suchte, viele nahe und fernere Verwandte besucht hatte, konnte ich mich nicht nur an die Großmutter, sondern auch an die Eltern meiner Sitznachbarin erinnern. Durch diese Rückschau fasste ich den Plan, eine Zusammenkunft mit den in dem näheren Umfeld wohnenden Verwandten, die sich weitgehend nicht kannten, zu organisieren.

Bisher haben wir uns alle zwei Jahre getroffen: langsam spricht es sich herum, dass wir viele interessante Verwandte haben, die aus ihrem Leben und ihrer Arbeitswelt berichten können. Wir haben uns jetzt angewöhnt, dass wir bei dem Treffen, das an einem Sonntag zum Brunch mit unbestimmtem Ende stattfindet und zu dem jeder seinen Kostenbeitrag übernimmt, ein für alle interessantes Thema über Verwandte in der Vergangenheit behandeln. Das erweitert unser aller Horizont! Häufig kann ich auch lustige kleine Geschichten beitragen, weil ich mich an die vielen Begegnungen im Jahr 1950 erinnern kann. Ein Neffe, Jakob Wintzer, ein Enkel von Tante Gisela

Wintzer, die uns die erste Bleibe nach unserer Flucht in der Dachwohnung in ihrem Haus in Detmold zur Verfügung stellte, kommt mit seiner Familie im eigenen Flugzeug angeflogen und sponsert unsere Treffen sehr großzügig. So ergeben sich zufällig Gemeinsamkeiten, die bereichern können. Es macht Freude, wenn die Erzählungen von Mund zu Mund weitergehen und das Interesse von entfernteren Verwandten wecken! Ich würde mich freuen, wenn gerade die Jugend auch ihre Freude und Interesse an solchen Treffen hat.

In diesem Jahr haben wir das schöne Erlebnis, dass das Haus meiner Großmutter in der heutigen Rembrandtstraße 8 von meinem Bruder Andreas an Verwandte verkauft wurde. Ich bin froh und dankbar, dass es auf diese Weise mit vielen Erinnerungen im Familienverband geblieben ist und nicht an irgendwelche Immobilienhaie verkauft wurde!

Es macht mir Freude, immer neue Verwandte zu entdecken und Verbindungen zu knüpfen. Auf diese Weise können wir uns gegenseitig unterstützen und lernen Menschen kennen, von denen wir manchmal von Ferne gehört haben und die uns interessieren. Nachdem es früher immer Familientreffen in Bad Oeynhausen gab, empfinde ich es als Bereicherung, diese Tradition fortzusetzen.

Nachwort

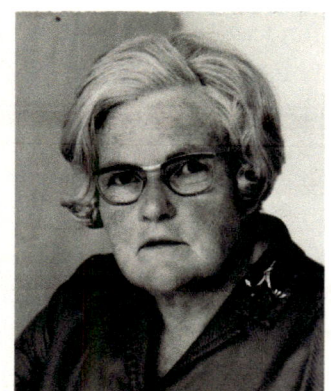

Dr. Erika Wolf, geb. Engel

Wilhelmine Engel, geb. von Velsen

Meine Großmutter, Wilhelmine Engel, und meine Mutter, Erika Wolf, die beide früh verwitwet waren, sind trotz aller Unterschiedlichkeit in der Bewältigung ihres nicht einfachen Lebens immer Vorbilder für mich gewesen.

Mit Dankbarkeit denke ich zurück an die 55 Ehejahre mit meinem Mann Martin, der mich meistens unterstützt hat mit meinen „Fürzen" (Ideen) im Kopf, aber auch manchmal mit den Worten „Puppe, lass das…!" gebremst hat! In seinen letzten Ratschlägen, die er bereits am 5. Mai 1990 nach seiner schweren Krebserkrankung verfasst hat, bedankt er sich für unsere gemeinsame Zeit und rät mir, weiter zu arbeiten, aber mir nicht zu viel vorzunehmen, „sonst bist Du am Ende völlig ausgepumpt!"

Mit Freude und Dankbarkeit für die Fürsorge und Unterstützung meiner Familie und die Zuwendung unserer vielen Freunde aus Nah und Fern kann ich mein Leben in Gedanken an Martin aktiv bewältigen.

Personenregister

Danksagung

Mit ihrem Können im digitalen Bereich hat mich meine Enkelin Emilia gut beraten. Dafür bin ich ihr dankbar. Meiner Cousine Rita Boysen danke ich für die mühsame gemeinsame Durchsicht des Textes und wichtige Hinweise, die sie mir während unseres Urlaubs in Menz gegeben hat.